O CRISTIANISMO AINDA NÃO EXISTE

Dados Internacionais de Catalogação na Publicação (CIP)
(Câmara Brasileira do Livro, SP, Brasil)

Collin, Dominique
  O cristianismo ainda não existe : entre projetos inexistentes e a prática do Evangelho / Dominique Collin ; tradução de Monica Stahel. – Petrópolis, RJ : Vozes, 2022.

  Título original: Le christianisme n'existe pas encore
  ISBN 978-65-5713-533-4

  1. Fé (Cristianismo) 2. Prática religiosa (cristianismo) I. Título.

22-107281   CDD-248.3

Índices para catálogo sistemático:
1. Prática religiosa : Vida cristã : Cristianismo
248.3

Cibele Maria Dias – Bibliotecária – CRB-8/9427

Dominique Collin

O CRISTIANISMO AINDA NÃO EXISTE

ENTRE PROJETOS
INEXISTENTES E A
PRÁTICA DO EVANGELHO

EDITORA VOZES

Petrópolis

© Éditions Salvator, Paris, 2018, Yves Briend Éditeur S.A.

Tradução realizada a partir do original em francês intitulado *Le christianisme n'existe pas encore*.

Direitos de publicação em língua portuguesa – Brasil:
2022, Editora Vozes Ltda.
Rua Frei Luís, 100
25689-900 Petrópolis, RJ
www.vozes.com.br
Brasil

Todos os direitos reservados. Nenhuma parte desta obra poderá ser reproduzida ou transmitida por qualquer forma e/ou quaisquer meios (eletrônico ou mecânico, incluindo fotocópia e gravação) ou arquivada em qualquer sistema ou banco de dados sem permissão escrita da editora.

CONSELHO EDITORIAL

Diretor
Gilberto Gonçalves Garcia

Editores
Aline dos Santos Carneiro
Edrian Josué Pasini
Marilac Loraine Oleniki
Welder Lancieri Marchini

Conselheiros
Francisco Morás
Ludovico Garmus
Teobaldo Heidemann
Volney J. Berkenbrock

Secretário executivo
Leonardo A.R.T. dos Santos

Editoração: Maria da Conceição B. de Sousa
Diagramação: Sheilandre Desenv. Gráfico
Revisão gráfica: Alessandra Karl
Capa: WM design

ISBN 978-65-5713-533-4 (Brasil)
ISBN 978-2-7067-1634-8 (França)

Este livro foi composto e impresso pela Editora Vozes Ltda.

Para Kevin

Creio que estamos todos a caminho do cristianismo e que é mais ou menos a única coisa que podemos dizer.

Julien Green. *Diário.*

Sumário

Não há cristãos, 9

1 A possibilidade da "inexistência" do cristianismo, 13

A "inexistência" do cristianismo, 13

Possibilidade de um cristianismo inexistente, 17

Cristianismo de pertencimento ou cristianismo de experiência, 21

História do cristianismo ou historicidade do evento Cristo, 27

Fato ou evento, 31

Cristo por vir, 35

Reforma ou conformação?, 40

Cristianidade, 44

2 Males da palavra cristã, 49

Evangelho ou disangelho?, 50

Sintomas de uma palavra disangélica, 52

A linguagem da beatice, 59

Bem-dizer, 60

Significatividade e *veridição* da palavra evangélica, 62

Língua de ferro e clichê eclesiástico, 68

Identidade ou alteridade?, 69

Exterioridade da coisa ou interiorização da experiência?, 72

A crença, gestão da decepção, 75

O *impensado* do Evangelho, 77

A crença fabrica imaginário, 81

A crença é fé desacreditada, 84

A fé aprofunda a decepção, 85

Vontade de poder ou menosprezo de si?, 89

Crer não rima com saber, 90

A fé não é nada sem confiança, 93

A linguagem da crença acusa, 95

A linguagem da crença faz crer, 96

A linguagem da crença é cálculo, 98

A crença é útil, 99

A fé crida, 102

Da fé à crença, 103

Necessidade de crer ou desejo de crer?, 107

A crença descrente, 109

A dimensão escatológica da fé, 111

Fé no impossível, 112

O discurso dos "valores cristãos", 114

O discurso do sentido, 119

A linguagem da beatice é "des-esperante", 126

3 Tornar o cristianismo possível, 129

O "milagre" da existência, 129

Comunicação de existência, 135

Viver no tempo do fim, 140

O cristianismo é impossível, 147

Falar francamente, 151

O "objeto" da fé: o Reino, 158

Partilhar desejos-palavras, 161

Envio – O cristianismo por vir, 167

Referências, 171

Não há cristãos

Quem ousaria afirmar que o cristianismo não existe? Que cristão pode ter escrito que não é porque temos "toda uma coleção de igrejas, sinos, órgãos, caixas de esmolas, quadros, carros funerários etc." que podemos deduzir que o cristianismo existe? Esse cristão estranho, se me permitem dizer, existiu de fato, chamava-se Søren Kierkegaard, filósofo e teólogo dinamarquês da primeira metade do século XIX, escritor inclassificável e intempestivo, o que o torna ainda hoje muito mais atual do que muitos pensadores supostamente em voga. No entanto, o que animou toda a sua reflexão e o fez escrever tantos livros já não parece hoje ser um problema urgente ou mesmo crucial. De fato, toda a obra de Kierkegaard se refere essencialmente ao cristianismo ou, mais exatamente, *ao problema do devir cristão*. (O ser não nasce cristão, ele se torna cristão, já dizia Tertuliano.) Tenhamos a ousadia de reconhecer: este já não é um problema para a maioria de nossos contemporâneos. Tornar-se cristão? Mas a maioria não deixou de sê-lo? Diante dos imensos desafios atuais da humanidade, ser cristão ainda pode ser de alguma ajuda? Kierkegaard criticava a "enorme ilusão que é a Cristandade, ou a pretensão de que todos os habitantes de um país são igualmente cristãos. Diferentemente de Kierkegaard, nós saímos do regime de Cristandade; mais ainda, entramos numa era de descristianização maciça, uma vez que a maioria de nossos contemporâneos já não parece se compreender no interior da palavra cristã. A tal ponto, que seria mais correto dizer, conforme Péguy já percebera, que nos tornamos "incristãos" mais do que "pós-cristãos". Péguy acrescentava que, já que o "incristão" se situa completamente fora do cristianismo, não pode retornar a ele.

Voltando ao gesto "fundador" da Reforma, quando Lutero propagou suas 95 teses contra a prática das indulgências, Kierkegaard escreveu em 1855: "Uma tese – uma única. Oh Lutero, você tinha 95 teses: é terrível! No entanto, num sentido mais profundo, quanto mais teses há, menos é terrível! Esse caso é bem mais terrível: há somente uma única tese! O cristianismo no Novo Testamento absolutamente não existe!" Por que essa tese cáustica, até violenta em sua radicalidade? Porque Kierkegaard julgava que um cristianismo *sem Evangelho* não é mais do que um *simulacro* inventado pelos próprios cristãos para não terem de conformar sua vida à palavra de Cristo. Estava convencido de que um cristianismo "de domingo", superficial e leve, não condiz com a *significação original* do cristianismo.

Não há cristãos: esta é a constatação na qual desembocava, em última análise, a radicalidade da exigência cristã sustentada por Kierkegaard. Aliás, tudo à nossa volta não se passa como se o cristianismo nunca tivesse existido? *Não há mais cristãos*: esta poderia ser um dia a constatação da extinção do cristianismo, pelo menos entre nós. De fato, ele parece cada vez mais condenado a ocupar apenas uma zona marginal da sociedade. Por certo os cristãos não incomodam, mas já não são levados a sério. O cristianismo está se tornando uma espécie de "reserva natural" que muitas vezes até não existe mais. *Já* há cristãos: este talvez seja, afinal, o sentido de uma tese que continua nos surpreendendo. Significa que um cristianismo original é possível em qualquer época. A nossa "incristã" não é um obstáculo maior à possibilidade do cristianismo do que eram épocas consideradas "cristãs". Além disso, a tese de Kierkegaard só é chocante para *quem se acredita cristão*. Para aqueles que pressentem que o Evangelho não disse sua última palavra ou ainda aqueles que, desconfortáveis em sua existência, aspiram *a enfim existir,* pode ser que o cristianismo futuro seja bem mais promissor do que todas as nossas projeções de um futuro bastante desesperador.

Se a tese de Kierkegaard sobre a inexistência do cristianismo pode ainda suscitar em nós alguma impressão "terrível" ou, pelo menos, interpeladora, é menos por parecer constatar a morte clínica do cristianismo do que por obrigar o cristão, assim como o não cristão, a pensar contra si mesmo. Pois, no fundo, a evidência de que existe uma religião chamada cristianismo é útil para o crente tanto quanto para o incrente. Na verdade, ela dispensa se interrogar sobre o significado do cristianismo; ou melhor, sobre a relação que cada um tem com o Evangelho. Esclarecimento importante para o que segue: grafo o termo Evangelho com inicial maiúscula para distingui-lo de "evangelho", que designa um dos quatro textos que o cristianismo considerou fundadores para sua fé e que se encontram no início do Novo Testamento (evangelho segundo Mateus, segundo Marcos, segundo Lucas e segundo João). Nesse sentido, e na expectativa de aprofundamentos posteriores, o Evangelho não é a mensagem fundadora de uma tradição religiosa particular (aqui, o cristianismo) que possui suas crenças e suas normas (rituais ou morais), senão uma *qualidade* da própria palavra quando se dirige a alguém para lhe dizer que é possível existir de maneira diferente. Isso significaria que o *Evangelho é o por-vir** *do humano*. Talvez o fato de não ter ouvido essa "boa-nova" explique por que o Evangelho ainda é *inaudito* e *inédito*. Então, qual é a relação entre o Evangelho e os evangelhos? Digamos o seguinte: os evangelhos estão contidos no Evangelho, mas não o contêm. (Talvez já se pressinta por que essa visão não implica nenhum proselitismo religioso e, no limite, até desconfia das declarações confessantes, no mais das vezes motivadas – como veremos – pela *vontade* de *fazer crer*.)

---

* No original, *à-venir*. Cf. adiante a nota do autor sobre o termo [N.T.].

1

A possibilidade da "inexistância" do cristianismo

A "inexistância" do cristianismo

Estas páginas pretenderiam poder dizer o que é o cristianismo, para pensar melhor a possibilidade de seu futuro. São movidas mais pelo amor da parte inexistente, por vir (e, portanto, ao mesmo tempo, forte e frágil do cristianismo) do que pela nostalgia de seu esplendor passado (que, no fundo, não é mais do que uma ilusão). Por isso, tento aqui escrever uma esperança: o futuro do cristianismo não só não está escrito, como não está à altura de seu passado, uma vez que ele não existe... ainda. Para compreender essa estranha afirmação é importante dispormos de um conceito positivo de inexistência. Reconheçamos, antes de tudo, que o uso francês do termo *inexistence* [inexistência] remete apenas a uma dupla negatividade: a ausência de existência e também a ausência de importância. Ao afirmar que o cristianismo "absolutamente" não existe, Kierkegaard (porque sabia que o cristianismo é confrontado com sua própria impossibilidade) permite orientar de modo diferente o sentido da inexistência para fazer dele um quase-conceito, o conceito que eu chamaria (em parte retomado de Alain Badiou) "inexistância" (com *a*, para distingui-lo do sentido puramente negativo de inexistência de alguma coisa). Uma vez que seria absurdo afirmar que o cristianismo não existe (a "monumentalidade" do cristianismo histórico e cultural é a melhor refutação), deve-se pensar a "inexistância" do cristianismo em termos de "potência de excesso" (Badiou), cujo efeito é o de alterar a identidade que se crê adquirida e reiterá-la pela abertura de novos possíveis. Nesse sentido, o conceito de inexistância do cristianismo nos orienta para um *por-vir* possível, que ainda não está presente mas que nos chama a *fazê-lo existir*[1]. A inexistância, portanto, não significa que o cristianismo seja fictício ou irreal. Então, a inexistância nos aparece como o *horizonte de inteligibilidade* do cristianismo, simultaneamente espelho revelador e limite. De um lado, a parte faltante do cristianismo mostra sua limitação atual quanto ao apelo que o convida a mudar o modo de pensar e a "confiar no Evangelho", tal como nos convidam as palavras inaugurais de Cristo no evangelho de Marcos. Isso significa portanto, paradoxalmente, que o cristianismo só existe quando incerto de sua existência, que só

---

1. Devo dizer algo sobre a escolha de *à-venir* (por-vir) em vez de *avenir* (por-vir). Não se trata de um capricho de autor, mas de uma necessidade, a fim de distinguir entre o futuro ou o porvir (*avenir)* e o que nos advém (*advient*); ou seja, um evento (*événement*). E nada abre mais o por-vir do que um evento que *importa absolutamente,* como o evento Cristo. Para dizer numa frase: sem por-vir o futuro corre o risco de ser apenas o *futuro do passado;* de reproduzir, decerto em circunstâncias que podem mudar, os mesmos dados de antes. "Nada de novo sob o sol" é o lema do futuro. Basta verificá-lo, aliás, ouvindo as "novidades" (*nouvelles*): a atualidade reproduz e recicla o antigo. Em contrapartida, o por-vir é o *advento* no tempo cronológico de uma outra qualidade do tempo; ou seja, a possibilidade de viver de outra maneira a relação com o tempo como o que *importa de verdade.* Voltarei ao tema.

existe verdadeiramente quando para existir só pode contar com o "Reino", que é sua força de atração e sua proposta insuperável. Também é necessário fazê-lo existir a partir de sua própria inexistência, ou seja, no transbordamento de sentido que é sua própria natureza e que a metáfora do "Reino dos Céus" significa. E não remendá-lo levando a acreditar que uma pincelada será suficiente para devolver ao cristianismo uma aparência de juventude. Apesar de suas generosas intenções, algumas empreitadas "pastorais" esquecem o que Péguy dizia: "O incristão não pode voltar ao cristianismo". Com Kierkegaard é possível pensar que a inexistência do cristianismo permite bem mais ter esperança na possibilidade de seu advento do que a restauração de uma Cristandade quimérica. (Também é preciso compreender que se o mundo já *não é* cristão talvez seja porque *nunca o foi*...). Então, quando eu falar no cristianismo que ainda não existe será no sentido de orientar para uma reserva de significação que diz simplesmente que o Evangelho está *adiantado em relação a nós*, que ele ainda é *inaudito* porque *inaudível* enquanto perdurar, para o cristão, a ficção que o faz acreditar que conhece o sentido da mensagem de Cristo. Ou ainda: deve-se pensar até que o Evangelho só é crível para introduzir no mundo sua parte inexistente (que ele chama de "Reino"), a fim de impedi-lo de se recolher à sua autossuficiência e que essa é a razão pela qual o Evangelho sempre nos parecerá *incompreensível* (por isso, só se pode falar nele por meio de metáforas e de parábolas). Mais surpreendente ainda, precisamos descobrir como o Evangelho é o inexistente do cristianismo; ou seja, *o que deixa a desejar no cristianismo*. O mundo não seria um mundo no qual fosse possível existir humanamente sem o inexistente que, nele, abre-o para o que ele ainda não é: "Um novo céu e uma terra nova". Do mesmo modo, não se poderia proclamar o Evangelho sem o inexistente que, nele, abre-o para o que ele tem a tarefa de antecipar: o Reino.

Poderíamos nos perguntar se o Novo Testamento autoriza esse conceito de inexistância do cristianismo. Ora, lemos no evangelho de Lucas a pergunta mais brutal, mais incômoda que se possa fazer aos cristãos: "O Filho do Homem, quando Ele vier, encontrará fé sobre a terra?" Embora Cristo faça a pergunta, não a resolve (diferentemente dos catecismos de outros tempos; aliás, não é de surpreender que neles essa pergunta nunca tenha sido encontrada). Digamos que a interrogação do Filho do Homem instala como que um *suspense*: um adiamento de resposta, uma distância entre a visibilidade das crenças e a invisibilidade da fé, que denominei inexistância do cristianismo. Não estamos assistindo a um *esquecimento da fé* (assim como Heidegger falou de um "esquecimento do ser"), esquecimento tocante não tanto aos increntes, mas ao próprio cristianismo. Já não sabemos muito bem o que é a fé porque a substituímos por um assentimento mais ou menos convicto a uma doutrina ou o que denominamos, sem convicção, espiritualidade ou, com maior indolência ainda, busca de sentido. Aliás, talvez nesse empobrecimento (abandono?) da fé esteja o deslocamento de sentido mais espantoso da longa história do cristianismo e que explica, em grande parte, que ele tenha dificuldade em ser falante*. Algumas linhas tiradas de *Les Mots*, de Jean-Paul Sartre, bem traduzem esse esquecimento da fé no interior do

---

* Em francês, *parlant*, no sentido de "eloquente", "convincente", "que transmite um sentido", "que tem significado" [N.T.].

mundo cristão: "Depois de 2 mil anos, as certezas cristãs (tiveram tempo de se comprovar) pertenciam a todos, exigia-se que brilhassem no olhar de um padre, na meia-luz de uma igreja e que iluminassem as almas, mas ninguém tinha necessidade de repeti-las por sua conta; era o patrimônio comum. A boa sociedade acreditava em Deus para não falar dele".

Ora, veremos que o Evangelho só é feliz mensagem *na fé*. Tirando-se a fé, já não há cristianismo (o contrário não é verdade: tirando-se o cristianismo, a fé sempre é possível).

Pergunto a mim mesmo: a fé dos cristãos é fé?

Possibilidade de um cristianismo inexistente

Se o cristianismo é inexistente, significa que toda pastoral movida pela necessidade de fazer "voltarem" os "incristãos" ao cristianismo histórico que se tornou estranho a eles não é só improdutiva, como também fadada ao fracasso. Ao contrário, seria preciso empregar nossas energias em lhes mostrar que o Evangelho inventa uma maneira de existir diferente. Proposição perturbadora, com certeza, mas cheia de esperança, sobretudo. Dirijo-a primeiro aos cristãos preocupados em constatar que o cristianismo se instalou numa crise infinita que o condena à pior das desgraças: a *insignificância*. Gostaria de lhes dizer que essa desgraça é, paradoxalmente, para ser recebida como uma graça, pois é a própria condição de um cristianismo caindo na inexistência (declínio maciço e, ao que parece, inexorável da prática, desaparecimento do clero; para percebê-lo, basta ler o ensaio de Guillaume Cuchet: *Comment notre monde a cessé d'être chrétien* [Como nosso mundo deixou de ser cristão]) que torna somente possível pensar em sua "inexistência" e, portanto, em seu futuro. O filósofo Olivier Abel observa, muito corretamente, que nossa sociedade pós-cristã é uma sociedade "vacinada" contra o cristianismo (mesmo que já não se oponha a ele). Nada adianta, portanto, querer reconquistá-la administrando-lhe uma dose dupla de "recristianização". "Para cada pessoa 'ganhada' por uma campanha de comunicação evangélica há dezenas de outras que estão afastadas por muito tempo (e se continua a falar seriamente de evangelização!)", ele escreve. Toda complacência para com o passado deve ser banida; trata-se mais de nos voltarmos para o cristianismo que está vindo. Do mesmo modo, a inexistência do cristianismo permite pensar mais facilmente que o "cristianismo de fora" desempenha melhor o papel de reservatório de sentido do Evangelho do que um cristianismo "do interior"; ou seja, que não faltam ao "limiar" e muito além dos "meios cristãos" palavras e gestos que levam a enxergar melhor a *atualidade* do Evangelho do que nossos discursos exauridos. No tempo de sua pretensa glória, a Cristandade onipresente não podia nem imaginar que a *mola* secreta do cristianismo lhe vem de sua própria inexistência. De fato, só a inexistência do cristianismo permite juntar fidelidade e liberdade; cabe a nós fazer entender novamente o que tornou tudo possível: o Evangelho. É nesse "posto avançado" que os cristãos ousarão uma palavra criadora e nova, recusando-se a cair na armadilha da "conservação" do cristianismo (o que o reduziria ao papel de "museu") ou de sua "modernização" (pois não se moderniza o que já é velho e passado...), ou ainda de sua "adaptação" à mentalidade atual (a adaptação é sinal de um comprometimento e de uma desistência). Então, se devemos pensar a inexistância do cristianismo, não é para apressar seu desmoronamento nem para convencer de que seria melhor dispensá-lo (como se o cristianismo devesse ser ultrapassado e substituído por uma "sabedoria" ou um "humanismo" de inspiração cristã), mas para fazer crescer nossa fé em seus infinitos recursos; recursos que não lhe são oferecidos nem por sua história, nem por sua doutrina, nem por sua organização planetária, nem mesmo pelo papa, mas pelas próprias operações que possibilitam alguém existir: crer, amar e ter esperança.

É ainda a inexistância do cristianismo que me permite dirigir estas reflexões antes de tudo aos muito numerosos "incristãos" de hoje. Não sei se eles estarão mais dispostos a ouvir a voz do Evangelho do que as gerações de "fiéis" que se construíram naturalmente com base em fortes identidades sociais e religiosas, o que os dispensava de antes se indagarem sobre a significação da fé. Mas talvez eles se surpreendam em ouvir que compartilham com a fé uma mesma inexistância: o indivíduo pós-moderno é ao mesmo tempo indivíduo e sujeito, alienado e emancipado, sem futuro nem passado, e, portanto, ausente do que se apresenta a ele. Em falta mais ou menos confessa de existência, o indivíduo pressente que não pode dar a si mesmo a certeza da *justificação*, que é o direito de cada um *sentir-se justificado por existir como existe*. Ora, o Evangelho é a palavra não religiosa que chama e promete, que dá a graça de existir a quem a recebe, e não há necessidade de passar primeiro pela mediação de uma religião para acolher seu fruto. Por isso, a inexistência do cristianismo nos lembra que o Evangelho não é patrimônio de nenhuma religião (inclusive a que se preza do nome de Cristo), de nenhuma cultura, de nenhum sistema de pensamento.

A inexistência do cristianismo representa ainda uma oportunidade para o movimento ecumênico, cujo motor parece em pane. A inexistência do cristianismo torna-o *indiferente*, em certo sentido, às formas em que ele institucionaliza. Nenhuma Igreja pode pretender se apropriar do Evangelho, uma vez que ele é, para cada uma delas, sua parte faltante. Então, o conceito de inexistência relativiza os problemas suscitados pela "cozinha interna" das Igrejas, pois ele pressiona todos os cristãos a "buscarem em primeiro lugar o Reino de Deus". Além do mais, a indiferença que ele promove só é capaz de estimular verdadeiras *diferenças*. Seria preciso então reconhecer que aquilo que as confissões cristãs vivem, pensam e celebram diferentemente das outras geram não convergências (estabelecidas por quem e com base em que denominador comum?), mas uma promoção dessas diferenças. Por quê? Porque estas só existem enquanto se referem a um cristianismo inexistente; o que, como eu disse, ao mesmo tempo relativiza as tradições particulares e, sobretudo, proíbe a toda comunidade cristã se arrogar o direito de se identificar com o cristianismo. Se este ainda não existe, significa que ninguém nem nenhum grupo pode se dizer cristão sem reconhecer que ainda tem de se tornar cristão relativamente ao "Reino". Em última análise, a convergência "ecumênica", que deveria juntar *todos* os cristãos, não deveria ser a preocupação de sua "reunião", mas sua preocupação comum em torno desta questão, muito mais urgente e crucial: faltaria algo essencial à vida humana se o Evangelho não fosse proclamado como Evangelho?

Cristianismo de pertencimento ou cristianismo de experiência

Cristianismo é um vocábulo que começa bem mas termina mal, com todos os termos que se tornam mais pesados, como o que o escritor Miguel de Unamuno chama de fatídico sufixo *-ismo,* que fixa como doutrina tudo a que adere. Primeiramente é preciso lembrar que o termo "cristianismo" ou, mais exatamente, "cristão" foi primeiro utilizado para conferir uma *identidade de empréstimo* aos que só se designavam por esta misteriosa perífrase: os "seguidores do Caminho". Lemos isso nos Atos dos Apóstolos. Uma identidade é fixada, ao passo que um caminho inscreve numa dinâmica em que, a cada passo, a existência é como que *ultrapassada* por si mesma. Todo caminho é, em certo sentido, *metafórico*, convoca para um alhures que não é uma destinação mas "a maneira pela qual se avança", como diz Kierkegaard. Nesse sentido, o Caminho do Evangelho é passagem pela qual transita o apelo a existir descolando-se das aderências que um lugar oferece; *a fortiori*, um lugar "sagrado", certamente propício à superstição mas impróprio à fé. Compreende-se que muito depressa se tenha achado mais cômodo identificar esses estranhos "seguidores" do Caminho conferindo-lhes esse qualificativo inventado para eles, relativamente pejorativo, pois significa, literalmente, os "partidários do Ungido" ("Cristo", em grego, significa aquele que recebeu uma unção de óleo na cabeça). Desde então, o termo "cristão" e seu substantivo "cristianismo" impuseram-se definitivamente, mas nunca se deveria esquecer que eles só identificam por referência a Cristo, que diz de si mesmo: "Eu sou o Caminho, a Verdade e a Vida". Já que não se pode prescindir do termo "cristianismo", podem-se pelo menos distinguir os dois significados a que ele remete: aquele a que estamos habituados identifica o cristianismo com um *pertencimento religioso* (o fato de ele ter por base uma adesão mais ou menos consentida ou um sentimento de pertencimento mais difuso não muda em nada a questão; o ideal de um tal cristianismo foi formulado pelo termo *cristandade*); o significado que precisamos redescobrir e inventar lembra que o cristianismo (mais tarde será chamado *cristianidade*) só tem sentido ao compartilhar a experiência dos que seguem o Caminho do Evangelho.

O cristianismo de pertencimento é um testa de ferro e um mal-entendido. O epíteto "cristão" pode ser atribuído, na verdade, a uma adesão recebida (inscrita num registro de batismos) ou a uma "prática" dominical estanha às implicações da existência? (O fato de que a piedosa ajuda recolhida no ofício dominical no qual nos limitamos a ouvir negligentemente o padre ou o pastor tenha se tornado o critério determinante da "*prática*" diz, por si só, o extraordinário empobrecimento do cristianismo...) Na realidade, o pertencimento ao cristianismo baseia-se numa petição de princípio: um traço cristão é reconhecido unicamente porque ligado a uma identidade que supostamente corresponde ao cristianismo, sem que se pergunte antes sobre o que merece ou não receber esse nome. Chegou-se até mesmo a julgar perfeitamente possível dizer-se cristão sem crer e sem viver sua fé, como se a identidade cristã fosse uma adesão como qualquer outra, acrescentada ao nascimento e ratificada mais tarde por ocasião do batismo. Nessa concepção da identidade há algo necessário e inevitável, mas também superficial e leviano: no limite, a identidade cristã é a última camada de verniz *sobre* os diferentes níveis de pertencimento do sujeito. E, portanto, fatalmente, a primeira a se rachar...

É preciso dizer que, diferentemente do cristianismo de experiência, que paradoxalmente se distingue por sua inexistência (no sentido de que remete sempre a um *excesso*, o Reino), o cristianismo de pertencimento convence de sua existência por sua própria *evidência*: é notado como a igreja no meio da aldeia (mesmo que, atualmente, a aldeia já não esteja na igreja...). De fato, ele tem a seu favor a prova da *quantidade*, o que autoriza a *medida* (estatísticas, sondagens, cálculos de audiência): a "religião cristã" não conta, por alto, com mais de um bilhão e meio de habitantes do nosso planeta? Ele tem também a prova da *Antiguidade*, que permite o trabalho do historiador, do exegeta (e também do teólogo) e que autoriza também a ideologia dos conservadores, tal como dos progressistas. De fato, o cristianismo de pertencimento se revela como uma *herança do passado* (que se tentará conservar ou adaptar) à qual se recorre para marcar simbolicamente (ou "folcloricamente") os dois termos da vida: a montante, o nascimento; a jusante, a morte. Entre os dois, não há mais grande coisa, na verdade... (Por fim, o cristianismo torna-se a religião das crianças e dos idosos...) Por essa razão, o cristianismo como pertencimento tem algo de *ficção*, de um "produto" da tendência atual à "patrimonialização", essa necessidade bem pós-moderna de conservar e de comemorar. Surpreende-me então que ainda não se tenha feito o cristianismo entrar na lista do patrimônio material e imaterial da Unesco!

Uma *tradição monumental*, eis o que talvez melhor defina um cristianismo de pertencimento. Os monumentos de pedra, que são as igrejas ou os templos, assim como o acúmulo das obras produzidas por tantos séculos "cristãos", levam facilmente a crer que o cristianismo é um fenômeno religioso e cultural que satisfaz à ideia que se tem de uma religião. Um monumento é feito para perdurar. Pouco surpreende, portanto, que o sentido cristalizado de tradição tenha acabado por suplantar a ideia de que a fidelidade só é realmente fiel à medida que é criadora. Como prova, o texto jornalístico, quando evoca ainda furtivamente o cristianismo, abusa do registro da tradição: "O papa, em sua tradicional homilia de Natal, disse..." "Segundo a tradição cristã, a Páscoa celebra a ressurreição de Cristo" etc. Na verdade, a linguagem jornalística não está inteiramente errada, pois um cristianismo de pertencimento é essencialmente um cristianismo tradicional ou, como eu disse, um monumento (para não dizer um monumento *fúnebre*...). Monumental é o acúmulo progressivo de um cristianismo ostentatório e como que tentado, desde a origem, pela idolatria de suas representações, em cujo espelho ele se deleita: seu culto, sua imagem mundana, sua organização etc. Mesmo a doutrina do cristianismo é, em certo aspecto, pesada (percebe-se melhor por sua ignorância).

Mas, pensando bem, é a *monumentalidade*, ou pelo menos a idolatria que ela gera, que torna o cristianismo suspeito de não existência ou, no mínimo, de existência *duvidosa*. Surge então o espantoso paradoxo: o cristianismo mais visível, o mais apresentável, é um cristianismo *de aparência*, ao passo que o cristianismo inexistente tem recursos que o tornam discretamente *presente*. Uma vida comum que nada põe sob holofotes, humilde porque enraizada numa existência vivida sob a égide do dom e da gratuidade, dá melhor a medida da manifestação do cristianismo do que as dimensões da Basílica de São Pedro de Roma.

Mas por que substituímos o cristianismo como experiência do Caminho por um cristianismo de pertencimento? A resposta é muito simples: um cristianismo de pertencimento *vende identidade*; ou melhor, vende *segurança* (antigamente o "seguro de vida" da salvação, hoje o seguro das pessoas de bem), ao passo que um cristianismo de experiência nunca deixa de convidar a pôr a fé em risco. A preocupação do cristianismo de pertencimento é ser atraente no mercado das necessidades religiosas do eu, das quais a primeira de todas é sentir-se *valorizado* por Deus e pela comunidade das pessoas de bem que os crentes são. O cristianismo de pertencimento é, nesse sentido, uma religião como as outras: antigamente ele vendia crenças (hoje menos atraentes no mercado religioso); hoje vende valores (mais fáceis de negociar) e ritos (isso não sai de moda). Aliás, zombando gentilmente dessa tendência "mercantil", Kierkegaard chamava esse cristianismo de a "razão social Jesus Cristo". O filósofo e psicanalista judeu Daniel Sibony observou bem o impulso interno da "venda" de pertencimento religioso: "Mas pertencimento a quê? E por quê? Vendem-lhes crença narcísica, em si ou em Deus, um Deus que se patenteou... já que ainda se acredita nele. E, por menos que os jovens encontrem a falha desse narcisismo dos adultos (professores ou pais), segue-se uma certa rejeição". Não sem ironia, Sibony mostra o que preferiríamos ocultar: a necessidade de pertencimento, como toda necessidade religiosa, aliás, *está ligada à tendência narcísica inscrita em todo eu*. Será preciso voltar à questão. E mais surpreendente ainda: é essa necessidade de pertencimento que melhor explica a dificuldade para o cristianismo de se transmitir a nossos contemporâneos. Se outrora a religião era o principal lugar da valorização narcísica do eu (mesmo quando esse eu era obrigado a confessar seus pecados... mas era para voltar em estado de graça!), hoje ela faz pálida figura diante das "fábricas" atuais de reforço do eu. Alguns jovens que ainda seguem os "ritos de passagem" cristãos (como a "Primeira Comunhão" ou a "Profissão de fé") compreendem muito depressa que seus pais gostariam de lhes vender pertencimento religioso, mas eles próprios já consideraram desde há muito tempo que o dinheiro ou o êxito preenchem a necessidade narcísica com certeza muito maior do que a oração ou a assistência à missa... Compreende-se então por que o cristianismo de pertencimento já não responde à necessidade de valorização: o dinheiro o faz em seu lugar, e muito melhor (mesmo que haja um preço a pagar). Além do mais, como acreditar num cristianismo que finge acreditar?

Foi assim que o cristianismo de pertencimento perdeu a força: conquista cada vez menos *adeptos*; então procura (em vão) *engodá-los*. Kierkegaard zomba dessa maneira de agir: dá a palavra a um "agitado" que se desdobra para converter seus semelhantes: "Aqui está, eu lhe trouxe dez mil adeptos; ganhei alguns chorando sobre a miséria do mundo e anunciando seu fim próximo; outros, descortinando diante de seus olhos perspectivas luminosas e risonhas se aceitassem minha doutrina; outros ainda, de diversas maneiras, cortando ligeiramente aqui, acrescentando um pouco ali". Veremos adiante que a linguagem da beatice faz parte dessa estratégia "comercial", seja tentando conquistar novos adeptos jogando com seus medos (mas isso não "funciona" mais), seja tentando seduzi-los apostando em suas ilusões de felicidade e de desenvolvimento pessoal (e isso "funciona" mais ou menos). Embora continue vendendo pertencimento, o cristianismo foi obrigado a mudar de "estratégia": agora ele procura mostrar-se *atraente* a fim de ganhar novos *clientes* no mercado da espiritualidade e da busca de sentido. Já em sua época, Kierkegaard escarnecia dessa tática comercial: "Mas vamos evitar fazer do cristianismo envelhecido um estalajadeiro arruinado que precisa achar um meio de atrair clientes!"

História do cristianismo ou historicidade do evento Cristo

Se o *-ismo* do termo "cristianismo" é o que a compromete, "Cristo" pelo qual ela começa deveria salvá-la. No entanto, mais uma vez, há o risco de permanecer a confusão entre um cristianismo de pertencimento, que só requer de Cristo que seja seu fundador, e um cristianismo de experiência, para o qual Cristo é *aquele que nos precede no caminho de uma vida nova*. Será preciso ainda lembrar que Cristo não é o fundador do cristianismo e que os apóstolos ignoravam que faziam parte de uma nova religião? Embora Cristo não seja o fundador do cristianismo, Ele é sua *fundação* viva e ao mesmo tempo seu *horizonte* insuperável. Maurice Bellet o expressa muito bem: "Não se trata do Jesus da história nem do Cristo eterno do Credo e da teologia. Trata-se de um Cristo atual; isto é, do que atualmente reitera aquilo cuja marca é evocada pela narrativa recebida dos evangelhos". Pois o cristianismo remete, mais uma vez, a uma outra distinção decisiva: a que existe entre *história* e *historicidade*. A história diz respeito ao passado e ao trabalho dos historiadores. Sobretudo, a história arquiva "fatos" depois de verificar sua exatidão; ela remonta do presente (o tempo do historiador) ao passado (o tempo dos contemporâneos do fato). Diante do fato cristão, o historiador buscará compreender o que o viu nascer, desenvolver-se ou, ao contrário, regredir; mostrará que ele segue uma lei da evolução ou, ao contrário, uma lei de "recaída"; distinguirá períodos ou fases de extensão ou de refluxo; enfim, com base em suas pesquisas, deixará ao sociólogo o encargo de prever suas evoluções futuras, sua mutabilidade ou seu declínio.

Por sua vez, a historicidade designa o valor de evento que um fato pode significar para alguém (ou para um grupo). Diremos assim que o primeiro passo do homem na Lua é mais um evento do que um fato. É que a data de 21 de julho de 1969 provocou uma ruptura no correr do tempo: o evento introduz um "antes" e um "depois". (Aliás, é neste último sentido que as mídias atribuem generosamente uma dimensão "histórica" ao que lhes parece excepcional ou particularmente marcante.) Deve-se dizer o mesmo para o cristianismo: sua historicidade (ou seja, seu valor de evento) tem *qualitativamente* uma importância completamente diferente daquela de sua história passada, presente e futura. Pois o cristianismo só existe por ser o testemunho atual de um evento que ocorreu de uma vez para sempre, mudando assim o curso do tempo para todos aqueles que o acolhem como uma esperança para sua fé. "Seja qual for a maneira pela qual o tomamos, o cristianismo implica uma *relação com o evento* que o instaurou: Jesus Cristo", lembra Michel de Certeau. Ser cristão é crer na possibilidade de que o evento inaugurado pela palavra do Evangelho possa também se tornar um evento para mim. Portanto, é minha relação viva com a historicidade do cristianismo, muito mais e melhor do que meu conhecimento (ou minha ignorância) de sua história, que é decisiva na compreensão de seu significado. Ou ainda: o cristianismo como pertencimento (como religião ou como instituição eclesial) é incapaz de acrescentar a menor autenticidade ao evento Cristo; é solicitado a testemunhar pelo que foi dito para que essa palavra ainda fale atualmente. Correndo o risco de provocar, deve-se pensar que o cristianismo não é necessário como pertencimento, que só é necessária a proclamação do Evangelho como Evangelho e a experiência de vida nova que essa proclamação torna possível; portanto, que o cristianismo de pertencimento é relativo a essa proclamação. Então, não é a história que nos informa sobre o significado original do cristianismo, mas o evento de palavra que faz entender o Evangelho como Evangelho. Kierkegaard tem termos muito duros: "O que é então, no fundo, a história do cristianismo? É o conjunto de desculpas, de escapatórias e de acordos dessa parcela da humanidade que não quis romper abertamente com o cristianismo mas procurou manter a aparência de ser cristã, é todo o conjunto de desculpas, escapatórias e acordos pelos quais alguém se torna cristão sem no entanto romper literalmente com o mundo. A história do cristianismo é uma concessão, um ajuste entre o mundo e o cristianismo".

Se só conhecemos um evento porque ele nos acontece, também só conhecemos Cristo pela fé, e não pela história (que, no limite, só pode alcançar um certo Jesus de Nazaré do qual, na verdade, não conhecemos grande coisa...), nem por tradição e menos ainda por nascimento. A esse respeito, o interesse atual pelas biografias de Jesus, embora revele uma curiosidade legítima, também manifesta que perdemos amplamente o significado de Cristo como por-vir do humano. É por ser a presença viva que nos afeta a todo momento que Cristo nos é o mais "contemporâneo", e não porque o fazemos reviver à custa de novas pesquisas procurando determinar quem era o "verdadeiro" Jesus. Não só a personalidade de Jesus de Nazaré é impossível de ser reconstituída (nada se sabe de sua aparência nem de seu caráter) como, afinal, a curiosidade com respeito ao personagem Jesus não compromete em nada. E então? Conforme destaca o teólogo Alexandre Schmemann, "tudo isso é inútil para a fé viva, verdadeira e simples, no melhor sentido do termo, pois seu motor não é a curiosidade, mas a sede".

Assim, o evento Cristo não é objeto de uma crença mas um *ato de fé* que só tem sentido para quem o vive. Se a vida de Jesus de Nazaré é um fato histórico, contingente (e mesmo que se pudesse provar, como alguns sonhariam em poder fazer, que Ele nunca existiu, o nome "Jesus Cristo" e tudo o que se refere a Ele na história continuaria fazendo falar dele), a vida de Cristo está ligada a um evento de palavra que os evangelhos escreveram, a fim de manter sua memória viva. Isso significa que as palavras e os gestos relatados por eles não o são da maneira pela qual um jornalista relata fatos, mas foram escritos para que os eventos de que são portadores possam atingir qualquer um no futuro. Quanto a isso, o primeiro dos dois finais do evangelho de João é significativo: "Jesus operou sob os olhos de seus discípulos muitos outros sinais que não são relatados neste livro. Estes o foram para que creiais que Jesus é o Cristo, o Filho de Deus, e para que, crendo, tenhais a vida em seu nome". Em vez de se entregar a arquivar as palavras de Cristo, como se fosse preciso protegê-las do desgaste do tempo, o cristianismo cumpre sua missão quando faz entender a maneira pela qual o Evangelho aprofunda em nós o que há de mais efetivo (e afetivo): nossa relação com a vida.

Fato ou evento

Ora, se o cristianismo existe em seu significado último (e não apenas em sua realidade histórica, cultural, patrimonial), é à luz do *evento* que se deve esclarecer o sentido de sua manifestação. "O evento", é assim que os Atos dos Apóstolos designam ao mesmo tempo a proclamação do Evangelho, que significa ele próprio "anúncio de um evento feliz", e os efeitos possibilitados por essa proclamação entre os ouvintes que o acolhem na fé. Ora, o que é um evento se não o *por-vir* de um fato para aquele a quem ele toca? *E(x) venit*: O evento só aparece como vindo de um por-vir possível, de onde ele reclama um desvinculamento da causalidade que fatalmente encadeia o que se produz. Buscamos causas para tudo o que nos acontece sem compreendermos que um evento sempre advém sem por quê. Vamos supor, por exemplo, um encontro entre dois amigos: é o futuro de seu encontro (como sua reiteração ou seu enriquecimento recíproco) que lhes confere reconhecer, *a posteriori,* que o "fato"* (notar que o francês lhe dá com razão a forma de um particípio *passado*) de seu encontro já recebera valor de evento. Significa que é sempre *retrospectivamente* que se pode reconhecer um evento. Torna-se possível, então, compreender como um evento convoca a lembrança: trata-se, de fato, de *rememorar o por-vir da promessa* que todo evento contém, *a fortiori* um evento absolutamente considerável como o evento Cristo. Acrescento que é essa "rememoração" do evento que possibilita sua reiteração e, com ela, o advento de novos possíveis. Uma amizade que não fosse advento de novos possíveis já não seria vivida como amizade, perderia de uma vez o valor de evento que recebera retrospectivamente. Diremos, portanto, que o cristianismo pode existir como fato datado (surgido há 2 mil anos), mas que o sentido do evento que ele é em "última instância"

---

* Em francês, *fait* (= fato) também é "feito", particípio passado do verbo *faire* (fazer) [N.T.].

nos escapa *na própria medida* em que somos solicitados a acolhê-lo como advento de um novo sentido, possibilitando verdades até então proibidas. Ou ainda: o cristianismo não existe para os que não querem entender que é por falta de ser *verificado* na existência que ele perde a condição que outrora o tornou possível. O cristianismo não *está* pronto, resta-nos *inventá-lo* pensando de modo diferente o que o tornou possível. Esse ponto pode ser difícil de compreender, admito. Mas o que ele quer dizer é bastante simples, contanto que se saia da concepção linear da passagem do tempo, do passado para o futuro. Deve-se pensar que a amizade com que amo um amigo ainda não existe em sua plena verdade, uma vez que ela está esperando o *advento* de um encontro que a tornará *novamente possível*. Assim, é o encontro que está por vir que dá aos amigos compreenderem ainda melhor como sua amizade já estava inscrita no seu primeiro encontro. No entanto, o futuro de sua amizade nunca lhes dirá *por que* um dia ela foi possível, mas apenas *como* ainda pode sê-lo novamente. O futuro de um evento possibilita qualquer busca de causalidade; *ele subtrai o saber em proveito de um ato de fé.* Será preciso lembrar-se disso. Em suma, o amor e a amizade se esclarecem melhor *do futuro para o passado* do que no sentido habitual, que vai do passado para o futuro. Estamos na mesma situação em relação ao cristianismo: por um lado, é preciso pensar que só a acolhida (por vir) do Evangelho voltará a possibilitar o cristianismo (pois ele não é mais do que isso: o Evangelho vivo e falante), e, por outro, que é esse cristianismo por vir que nos permite compreender melhor o *evento de palavra* que pôde torná-lo possível ontem.

Denominemos cristianismo não o que o tornou real na história e na cultura, mas o que o ultrapassa sem limites rumo a outro por-vir; ou seja, o evento Cristo. Isso significaria então que o evento Cristo que deu origem ao cristianismo ainda não se verificou em toda a extensão ou a profundidade que o marcam justamente como um evento. Ou seja, não basta que o cristianismo tenha sido possibilitado outrora pelo evento de palavra que chamamos de Evangelho, ainda devemos trabalhar para possibilitar novamente seu *advento*. É nesse sentido que o título *O cristianismo ainda não existe* deve ser entendido: seria absurdo tentar convencer de que o "fato" cristão não existe; assim como seria insensato afirmar que o Islã também não existe. Dizer que o cristianismo ainda não existe é pensar que o evento que ele significa procede de um por-vir que nunca pode ser confundido com o presente; caso contrário, esse evento se tornaria um fato passado (devo essa reflexão a uma obra de Hans Weder). Ou seja, o significado do cristianismo só é cognoscível em sua exata medida depois do por-vir (e esse por-vir, como veremos, também é o por-vir da existência de cada um). A amizade ou o amor nos ensinam que a fidelidade ao evento que os fez nascer não é de conservação, mas de *invenção*. Nesse sentido, deve-se pensar que o amor reitera o passado mais do que o conserva. O mesmo vale para o cristianismo: ele não tem vocação para conservar o Evangelho, mas para inventá-lo como palavra capaz de dizer ao ser humano de hoje a que vida viva ele está destinado. Significa ainda que o cristianismo se retoma incessantemente no próprio seio do ato de esperança, esperança que encontra no Evangelho sua *retomada*. O cristianismo ainda não existe porque o que o torna possível nunca acontece como a realização de uma tendência presente nele por mérito de fundação (não há cristianismo primitivo a ser recuperado ou cristianismo atual a ser "reformado" para fazê-lo recuperar uma pretensa perfeição das origens), mas ele ainda não existe porque aquilo que o tornará possível *depende de nós*. No entanto, é preciso aceitar que aquilo que depende de nós já é feito de um dom do qual não somos senhores, mas que somos convidados a receber na fé, no amor e na esperança.

Cristo por vir

Se o cristianismo ainda não existe é, portanto, por esta razão, decisiva: dizemos que Cristo *vem*, que Ele é *a figura mais perfeita do homem por vir*; nós o dizemos porque Ele veio e reconhecemos nele o "Verbo de vida". Certamente ainda não compreendemos bem o sentido de sua manifestação há 2 mil anos; por isso, fingindo acreditar em sua "volta", provavelmente passamos ao largo do sentido de sua vinda *atual*. Acabamos por adiar a "volta" de Cristo para "o fim dos tempos", os "séculos dos séculos", um dia futuro, de que não sabemos nada e que nos é muito útil para nos reservar um lapso de tempo em que podemos levar nossa vida ganhando (ou perdendo) nosso tempo ao abrigo do Evangelho, que, por sua vez, só conhece um tempo decisivo: *hoje mesmo*. A "volta de Cristo" não é a última palavra ou o termo final de uma "história da salvação", a qual não se percebe muito bem no que se distinguiria de qualquer outro fatalismo. A vinda de Cristo não é fatal, ela é até mesmo aquilo por que a história humana rompe com o destino. Aliás, confessando que Cristo é o que *vem*, os textos do Novo Testamento não dizem que Ele vai "voltar", como se Jesus fosse retomar seu lugar entre nós, mas que Ele vem incessantemente a fim de que o si-mesmo de cada um possa advir de sua própria vinda. Mas haverá quem objete: os primeiros cristãos não tinham consciência de viver na iminência do fim dos tempos, até pensando que eles estariam na primeira fila por ocasião da volta "gloriosa" de Cristo? O mito é persistente; no entanto, o Novo Testamento testemunha que os primeiros cristãos não viviam à espera do fim dos tempos, mas na urgência que *o tempo do fim* recomenda; ou seja, o tempo que marca o final de toda maneira de viver o tempo que não seja espera de Cristo e de seu Evangelho. Ouçamos a esse respeito o filósofo Giorgio Agamben: "O que interessa ao Apóstolo [Paulo] não é o último dia, não é *o fim dos tempos*, mas *o tempo do fim*, a transformação interior do tempo produzida definitivamente pelo evento messiânico e a transformação da vida dos fiéis resultante dela". Assim entendido, o tempo do fim não significa nada mais do que o dom renovado do tempo da graça ("completou-se o tempo", diz o Novo Testamento), sua implantação atualizada, a possibilidade de enfim existir. Em seu notável ensaio *L'apocalypse du politique* [O apocalipse do político], o filósofo Vincent Delecroix escreve: "O cristianismo não é feito para perdurar: é uma religião do tempo que finda". A infelicidade do cristianismo foi justamente a de perder essa consciência de viver no tempo do fim e instalar--se no tempo da *sucessão*, o tempo linear, o tempo contado, o tempo que luta por sua sobrevivência buscando imortalizar-se no duro (as Igrejas) e na duração (a tradição). Seria preciso permitir à herança cristã ser deixada a cada nova geração por uma transmissão "natural", para que o passado se escoe para o presente e para que seja garantido um futuro. (Aliás, não se fala em "sucessão" por herança?) Nessa concepção, nada limita verdadeiramente o tempo, a não ser, é claro, a evocação do fim dos tempos, improvável de tão adiada. Eu diria, portanto, que o cristianismo de pertencimento vive sua temporalidade como uma relação com a duração, até um hipotético fim dos tempos (e ele pensa que tem a promessa da imortalidade), o que o autoriza a conservar, compilar o antigo, ao passo que o cristianismo de experiência vive sua relação com o tempo como com o tempo do fim que o pressiona a inventar a resposta singular e personificada pela qual ele pretende responder ao Evangelho. Em suma, o primeiro compreende a fidelidade a partir do passado, ao passo que o segundo a compreende como a invenção tornada urgente pelo *ultimato* que lhe é dirigido pelo tempo do fim.

Seria possível, então, perguntar-se legitimamente (Nietzsche antes de nós e Kierkegaard antes dele fizeram essa pergunta radical): *como salvar o Cristo do cristianismo.* De fato, é preciso salvar o evento Cristo de um cristianismo do pertencimento e da história para melhor recuperar a equivalência que foi perdida entre um "agora ausente" (Cristo, que veio e que está por vir) e um "agora vivo", que é nossa relação com esse evento na fé, no amor e na esperança. Infelizmente, fizemos de Cristo uma presença da qual acreditamos dispor, ao passo que Ele quer ser, com relação a nós, aquele que vem; assim, nós o remetemos de bom grado à *história* (o "Jesus" da história) ou à *imagística* piedosa (o Jesus "gentil" dos evangelhos ou do catecismo que nos martelaram na infância), ao passo que Ele só é atual por ser o *por-vir do humano*. Kierkegaard escreve: "Trata-se antes de tudo de fazer *alguma coisa* para tornar a vida de Cristo *presente*. [...] Com ajuda de uma analogia e à maneira poética o possível é apresentado em lugar do fato; mas o possível é justamente o que desperta". Tornar Cristo possível para o ser humano de hoje! O cristianismo ainda não existe porque o evento Cristo ainda não está perfeitamente consumado em nossas vidas, mesmo que já possa ser *antecipado* sob a forma da fé, do amor e da esperança. "Cristo não é uma memória seletiva, mas a condição de uma esperança comum", conforme bem diz o teólogo Gabriel Vahanian. E também: o cristianismo ainda não existe porque o *por-vir* desse evento é bem mais importante e decisivo do que a história de sua tradição, o que permite relativizá-la.

Enfim, duas leituras do cristianismo se confrontam aqui: a primeira o situa no tempo que passa, de acordo com uma concepção linear do tempo que pretende que se conserve o que começou, se não se quiser vê-lo acabar. E, se o verbo "conservar" enfatiza um pouco demais uma necessidade de não mudar nada, a ele será preferível uma *volta às origens*. Essa volta pode ser entendida de duas maneiras que parecem opostas: *uma volta para trás* para recuperar o cristianismo "de sempre" ou *um salto para a frente* para reatar com o cristianismo das origens. Sob risco de esquematismo, pode-se chamar a primeira de conservadorismo e a segunda de progressismo.

Antes de tudo, convém notar que, na realidade, o conservadorismo e o progressismo constituem duas faces da mesma operação; a diferença é que o primeiro pretende voltar, por retraimento ou medo de mudança, ao cristianismo de antes do fim da Cristandade, ao passo que o segundo pretende promover, em nome de uma necessária adaptação ao mundo de hoje, o cristianismo de antes do início da Cristandade. Mas, na verdade, as duas tendências têm em comum algo que as une mais do que as opõe (e, embora sejam sempre apresentadas como antagônicas a ponto de constituírem uma chave de leitura jornalística invariável da geopolítica eclesiástica, assim como a leitura binária que, em polícia, opõe a "direita" à "esquerda"): ambas confundem o cristianismo com *uma ficção do passado: a Cristandade*. Os conservadores gostariam de voltar "aos bons velhos tempos" da Cristandade medieval; os progressistas desejariam que se recuperasse o cristianismo primitivo de antes de Constantino. Mas não é difícil compreender que uns e outros julguem o presente a partir de um passado arbitrariamente afirmado como absoluto: para os primeiros, a Cristandade (mas o que é ela senão uma miragem?), para os segundos, o cristianismo das origens (mas a partir de que momento ele se desnaturou?). Em última análise, tanto os "conservadores" como os "progressistas" relacionam a fé, da mesma maneira, a um suposto fato (passado) que obriga seja à conservação (os conservadores), seja à inovação (os progressistas). Para aboná-los, é verdade que o passado é um *valor-refúgio*, enquanto a fé só é possível nesse passo a ser dado, nesse desequilíbrio da perna que sai do chão protetor para transpor o espaço do vazio...

Se o cristianismo é caminho, significa que o evento Cristo está diante de nós *porque nos precede* ("Ele vos precede na Galileia; lá o vereis, conforme Ele vos disse") duplamente: ao mesmo tempo como *origem ausente*, o Cristo atual está *antes* de nós no caminho que vai para a Galileia (que remete ao lugar da proclamação do Evangelho; nesse sentido, o "mundo" traz para nós a figura da "Galileia") e como *por-vir faltante*: Cristo está *diante* de nós como figura de chamado e de promessa ("lá o vereis, conforme Ele vos *disse*"). Para ser mais contundente, eu diria que os conservadores buscam Cristo no Santo Sepulcro, onde Ele já não está, enquanto os progressistas acreditam tê-lo encontrado na Galileia, onde Ele ainda não está... Cristo está no caminho porque Ele é o Caminho; buscá-lo em outro lugar é perdê-lo. (A esse respeito, nesse caminho não há nem centro nem periferias, pois Ele passa em todo lugar em que o homem falta a seu próximo...) Para concluir, em vez de falar em "volta às origens" (o rio nunca volta à sua nascente, mas transporta a nascente para a jusante) seria preferível falar em "repetição" das operações possibilitadas pelo Evangelho.

Reforma ou conformação?

Observa-se também que conservadores e progressistas têm em comum os mesmos afetos negativos: são *decepcionados* e *inquietos*. São decepcionados porque o cristianismo atual não corresponde, ou corresponde mal e mal, ao padrão temporal segundo o qual eles julgam o cristianismo autêntico. Aos olhos dos conservadores, o cristianismo atual errou ao pactuar com a modernidade triunfante; para os progressistas, ao contrário, o cristianismo atual decepciona por sua hesitação e sua incapacidade de se adaptar a essa mesma modernidade. Por isso, uns e outros são inquietos quanto ao futuro do cristianismo; os primeiros porque temem uma fuga para a frente, e os segundos, uma volta para trás. Então, os conservadores empregam suas forças no que convém chamar de *contrarreforma*, ao passo que os progressistas apostam numa necessidade de *reforma(s)*. Ora, aqui ainda convém compreender que essas duas atitudes, por mais contraditórias que pareçam, correspondem de fato a uma mesma incapacidade de compreender, graças ao conceito de inexistência, *o significado último do cristianismo*. Quer ela se oponha à Modernidade para lhe contrapor o modelo da Cristandade ou queira dar ao cristianismo um novo aspecto mais conforme à atmosfera do tempo, a ideia de reforma não é adequada ao significado último do cristianismo. Certamente, sempre é possível modificar esta ou aquela estrutura eclesiástica, remediar este ou aquele equívoco, rever esta ou aquela disposição canônica, reestruturar a Cúria Romana; todas essas "reformas", embora em determinados momentos pareçam necessárias, são acessórias com relação ao significado último do cristianismo. Faço a pergunta: uma reforma pode ir além de um simples *retoque*? Concordo com certas análises que relativizam a ruptura que teria representado, para a Igreja Católica, o Concílio Vaticano II (1962-1965). A meu ver, o concílio, na verdade, não operou a mudança de paradigma que poderia fazer o cristianismo passar da lógica da crença (que é uma forma de ideologia) à da fé (que é vida nova). Porque ele se manteve convicto de que o *sentido* da palavra cristã continua crível sob condição de ser (melhor) comunicado, o concílio não compreendeu que o mundo moderno já não vê sentido na mensagem cristã. Não podemos, portanto, limitar-nos a comunicá-lo, mesmo que remendado de acordo com o gosto atual. O *aggiornamento* no qual o concílio se lançou consistiu mais numa "atualização" da pastoral (sempre pensada no sentido de uma comunicação mais adaptada da doutrina e da moral) do que na reinvenção do significado último (portanto intransponível) do cristianismo. Aliás, com o recuo e um pouco de lucidez, vê-se que a reforma litúrgica, as modificações trazidas à organização eclesiástica representaram "atualizações" que na verdade não resolveram o problema principal: o Evangelho ainda pode ser falante para alguém?

A urgência não é reformar ou não as Igrejas cristãs, mas renovar, ou melhor, *reiterar os conceitos cruciais do cristianismo.* Michel de Certeau já dizia: "Penso que a história obriga o cristianismo, hoje, a pensar para si mesmo o que até aqui ele anunciava mais para os outros". Ou seja, trata-se menos de reformar, em um sentido ou outro, do que de nos *conformarmos* ao que o Evangelho nos promete; conformação que só é possível por uma metanoia que nos obrigue a retomar tudo. Na verdade, talvez o "mude a maneira de pensar e confie no Evangelho" seja a palavra de Cristo, que cria a mais extrema dificuldade para o cristianismo. Pois a *metanoia* é a condição permanente do cristianismo, o que significa que ele nunca pode se instalar; à medida que escuta o Evangelho, sua retaguarda e sua segurança lhe são tiradas. Ele nunca pode ocupar uma posição avançada e contemplar sua herança como um bem adquirido sobre o qual tenha direitos de proprietário. O cristianismo não pode ser dono de sua tradição viva; só conhece *o hoje do possível*. Por isso, a melhor maneira de dizer o significado último do cristianismo são as palavras dos Atos dos Apóstolos: ele é a revelação do dom da "*metanoia* que leva à Vida".

Então, a pergunta mais urgente que é feita aos cristãos já não é: "Como herdar a tradição cristã: seu corpo de doutrina, sua moral e seus ritos?", mas: "Como herdar o que surgirá, o que, escapando à sucessão do tempo, advém incessantemente; ou seja, o Reino que está vindo e nós com ele?" Ora, para a crise da transmissão da fé buscamos (sem no entanto pretender encontrá-las) respostas *no que aconteceu* em vez de buscá-las *no que foi possibilitado pelo evento Cristo*. Um exemplo: a Igreja Católica vive uma crise de seus ministérios porque tenta "preencher" um "quadro" que lhe é fornecido por sua história, em vez de se perguntar se o serviço do Reino não autoriza novos ministérios. Assim, é preciso evitar pensar o diaconato supondo que ele seja a continuidade lógica do ministério que foi "instituído" na aurora do cristianismo para responder à necessidade de nutrir os cristãos de origem grega. (Qual é, então, sua "função" hoje? Mais vale falar em "diaconia" lembrando que todo cristão é pessoalmente designado para pôr em prática o *amor-dom*, na medida em que ele é a própria essência da vida cristã. Não se pode reformar o que aconteceu; em contrapartida, é possível conformar-se ao que advém. Só no por-vir o cristianismo encontrará sua forma definitiva;

nesse ínterim, ele autoriza novas maneiras de se colocar a serviço do Reino.

Pois, tal como esbocei anteriormente, uma outra leitura da história do cristianismo é possível e é até a única oferecida a quem deseja reconhecer o evento que ele representa: uma vez que só o futuro decide se um fato é um evento, convém falar no cristianismo como uma *antecipação* do que ele tem a função de *revelar* (no duplo sentido do termo: dizer o que o mundo não diz e mostrar como uma revelação fotográfica): a graça para cada um da justificação de existir como existe. Acrescentemos: o cristianismo que é a experiência do caminho do Evangelho ultrapassa amplamente os limites do domínio religioso; na verdade, o cristianismo só existe por estar no centro da questão que consiste, para cada um, em existir. O que significa para nós: o cristianismo ainda não existe quer dizer que ele não é um fato advindo, mas um evento cujo sentido "definitivo" só advirá quando toda a humanidade se relacionar com todos os possíveis que o Evangelho possibilita.

Cristianidade*

Cabe pensar então que o cristianismo de pertencimento deveria ser rejeitado, como alguns estimam dever prescindir da instituição eclesial por julgarem que ela não lhes permite viver uma relação autêntica com o Evangelho? A essa objeção respondo o seguinte: o cristianismo de pertencimento

---

* Em francês, *christianité* [N.T.].

só tem sentido ao possibilitar o que chamo, com outros autores, de *cristianidade* e que tem a ver, como escreve Maurice Bellet, "com a intuição que pode ser representada pela emergência de Cristo na humanidade e que pode ser ainda desconhecida, inclusive pelos cristãos". Apesar de seus defeitos – entre os quais o de não ser muito ouvido (é encontrado em Kierkegaard e também em alguns teólogos como Claude Geffré, Christoph Theobald e Maurice Bellet) –, o neologismo cristianidade apresenta uma certa vantagem ligada à sua morfologia: *cristianidade* implica uma *qualidade de ser*, como *humanidade* ou, de maneira ainda mais expressiva, *jovialidade*. Pedro ser alegre é melhor para ele do que ser triste, mas se ele transmite jovialidade torna-se possível que sua alegria seja contagiosa. Do mesmo modo, deve-se entender que a *cristianidade* é a qualidade daquelas ou daqueles que, como já dizia Lutero, são "Cristo para seu próximo, livres senhores de todos e servidores obrigados de todos". A cristianidade é *a qualidade daquele que é cristo*, não daquele que se toma por Jesus de Nazaré (seria delirante) nem daquele que quer imitar Cristo (a imitação é sempre macaquice), mas o estilo de vida daquele que encarna hoje *a palavra do Cristo atual*. Ou seja, pode-se dizer "cristiano" aquele que permite ao Evangelho surgir como Evangelho: potência de vida boa capaz de nos salvar de nossas inclinações niilistas. Em suma, a cristianidade designa *todos os possíveis abertos pelo Evangelho presentificados por aqueles que os encarnam em sua própria existência*. Vamos chamar a atenção, enfim, para a impressão de vida e da maneira de viver que o sufixo *-idade* confere a um vocábulo que, quando traz o sufixo *-ismo*, serve para designar um fato sólido e duradouro.

Nestas páginas procuro compreender o significado último do cristianismo: ele não é outro que não a própria cristianidade. Compreender a cristianidade é compreender o cristianismo como experiência de vida viva. Mas, uma vez que a cristianidade ainda é para nós imensamente enigmática (pois, como veremos, inverossímil e impossível), devemos pensá-la como sempre por vir, ainda inimaginável e desejável, como o Reino do qual ela é outro nome. Para meditar: o cristianismo não é em si uma contrafação do Evangelho do Reino, pois o Reino de Deus será à imagem do cristianismo, mas de um cristianismo existente, submetido à verdade que o Evangelho queria lhe dar. Pode-se então pensar que a cristianidade é o ponto de encontro frutífero entre um cristianismo de pertencimento e a proclamação do Evangelho como Evangelho. Ou, em outros termos, o cristianismo de pertencimento, se não estiver imunizado contra a tentação de trair o Evangelho, continua sendo também um *meio privilegiado* – não é o único – de escuta do Evangelho. Não há razão, portanto, para desprezá-lo. Conviria até mesmo fazer coincidir o mais possível um cristianismo de pertencimento com a experiência possibilitada pelo Evangelho, sempre lembrando que o cristianismo não pode se integrar totalmente à sua parte faltante.

Alguns leitores talvez se surpreendam por eu não dizer nada das relações, conflituosas ou tranquilas, do cristianismo com as outras religiões, particularmente com o Islã. Eu o disse: se o cristianismo é uma religião como as outras, há um só Reino e um só Evangelho, que não pertence a ninguém, nem mesmo aos que se dizem cristãos. Embora possa ser legítimo incentivar o "diálogo inter-religioso", nestas páginas optei por refletir sobre o evento da palavra, em si mesmo, que é o Evangelho, por compreender o que ele diz e como o diz. Pensar que o Evangelho é *incomparável* exclui absolutamente qualquer desejo de impô-lo, de um modo ou de outro. De fato, o Evangelho põe em xeque a necessidade de convencer, pois não se pode fazer a doçura triunfar com as armas da violência. Todo prosélito é narcísico: ele quer fazer acreditar na superioridade de sua causa. Em contrapartida, quem segue o caminho aborda o encontro com a pressuposição de que o outro talvez esteja mais próximo do Reino do que ele mesmo...

2

Males da palavra cristã

Vamos dar mais um passo: se o cristianismo significa essencialmente o evento Cristo, é importante sublinhar que o evento ao qual ele remete é da ordem da *palavra*. Por que o cristianismo é cada vez menos falante? Por uma razão que não aparece logo de início: nossa relação com o tempo tornou-se impermeável ao evento. O indivíduo pós-moderno já não encontra o evento de palavra, mas se empenha em produzir "o eventual", degenerescência do evento reduzida a uma produção e a uma previsão, a própria negação do evento. A prova de que o evento nos incomoda? Nossos retraimentos identitários e nossos valores-refúgios que justificam uma verdadeira obsessão pela segurança do entre-si. Mesmo o discurso é formatado, recortado em "elementos de linguagem", *slogans* disponíveis, prontos para serem utilizados para marcar as mentes, fazer o *buzz* midiático. No cristianismo, a degenerescência da palavra-evento outrora se chamava doutrina, que cristaliza o evento tornando-o um dogma. Hoje, a degenerescência da palavra chama-se linguagem da beatice, que reduz a palavra à insignificância.

Pois a palavra cristã está doente. Até há pouco, alguns "fiéis" ainda podiam se surpreender com a *resistência* que seus filhos, netos ou conhecidos opunham ao cristianismo e às Igrejas. Hoje, a *indiferença* é o que mais surpreende. *Vox clamante in deserto,* "voz clamante no deserto": esse parece ser o destino da palavra cristã, acometida de *insignificância.* Hermética ou banal, culpabilizante ou infantilizante, quer ela convoque à paz entre os homens ou ao diálogo entre as religiões, quer ainda ela fustigue os costumes contemporâneos ou até tente acomodar-se a eles, já não diz nada a um número maior de pessoas. Antes não dizia nada de bom, agora já não diz nada. Cantilenas batidas e refrãos desvitalizados, as fórmulas cristãs estão ameaçadas de afasia. Diante do fato vultoso da progressiva insignificância da palavra cristã, os que continuam persuadidos da mais-valia dos valores cristãos e que se rejubilam com o tom "pastoral" que as Igrejas finalmente tinham adotado não compreendem por que tão poucas pessoas parecem interpeladas pela fé. Por que, afinal, a palavra cristã já não fala a nossos contemporâneos?

Evangelho ou disangelho?

Fundamentalmente, o que é o cristianismo? Uma *mensagem* que menos comunica um conteúdo particular, reservado a iniciados chamados "crentes", do que veicula, para quem a acolhe, essa vida outra que chamo de *existência.* Essa mensagem tem por nome Evangelho, a palavra da fé, a palavra que muda a relação do homem com a vida *mudando sua relação com a palavra.* O cristianismo é essencialmente isso: um novo regime de palavra. Aparece então uma primeira exigência: *o cristianismo só existe por ser a proclamação do Evangelho.* Isso deveria ser óbvio, mas não é. De fato: entregue à sua alusão de ser o cristianismo autêntico, o cristianismo histórico e cultural (que chamei de cristianismo de pertencimento) certamente continua a proclamar o Evangelho, mas se esquece de o proclamar *como Evangelho*. Isso leva a emitir a seguinte hipótese: a palavra cristã, mesmo que conforme ao que diz o Evangelho (por ora deixemos de lado a questão de saber o que ele diz), não responde necessariamente à exigência de ser anunciada como Evangelho; ou seja, segundo indica sua etimologia, à maneira de uma "nova feliz" ou, como me agrada traduzi-lo, de uma "palavra de encorajamento". Os que se surpreenderem com essa hipótese lembrem-se do que o Apóstolo Paulo escreve aos gálatas, não sem ironia: "Admiro a rapidez com que vos desviais daquele que vos chamou pela graça de Cristo, para passar para outro Evangelho" (Gl 1,6). Vamos chamar agora de "cristianismo de pertencimento" um cristianismo que *passou para outro Evangelho*. Kierkegaard, mais uma vez, percebera o que é ao mesmo tempo um *comprometimento* e uma *substituição*: "Minha tese não é a de que aquilo que é pregado na Cristandade como cristianismo não é cristianismo. Não, minha tese é que a pregação não é o cristianismo". O que Kierkegaard quer dizer é que é menos o conteúdo do discurso do que o próprio discurso que não é cristão. Ou seja, o Evangelho está comprometido quando já não é o *evento de palavra* que anuncia a possibilidade de existir diferentemente, mas uma mensagem *ideológica* que se limita a reproduzir a ilusão de se acreditar cristão. Convém então chamar por seu nome esse discurso que, embora pareça conforme à mensagem cristã, não é um Evangelho, mas sua substituição: um *disangelho* (o prefixo *dis-* é contrário a *eu-* que entra na composição do termo *ev*-angelho, e que a gramática grega chama de prefixo "eufórico", embora a "euforia" provocada pelo Evangelho seja mais sóbria; ela se assemelha mais à "coragem de existir" do que ao estupefaciente).

Sintomas de uma palavra disangélica

Vamos começar por dizer que a palavra disangélica priva o cristianismo de toda possibilidade de por-vir. Ela o nega, portanto, tornando seu significado impossível (no sentido estritamente negativo). A palavra disangélica parece-nos então adquirir uma tripla modalidade: em primeiro lugar, ela impede de ouvir o Evangelho a partir do *inaudito* que o constitui. Disso resulta então uma palavra prolixa que só consegue repetir e reprisar. E, mesmo quando inventa novos discursos, ela não os mergulha no banho que os destina àquele além do sentido para o qual orienta a metáfora do "Reino dos Céus". Em seguida, a palavra disangélica *impede a passagem do saber ao ato de fé*. Ela prefere a segurança oferecida pela crença ao risco provocado pelo ato de confiar *sob palavra*. Enfim, a palavra disangélica (e é esse o indício mais sério de que ela é desvio do Evangelho) não suporta a *graça*, a ponto de ser o seu *descrédito* no interior da própria linguagem cristã.

Por isso, o cristianismo deve ser julgado por sua maneira de falar. Por quê? Porque a palavra exterioriza o que está em jogo no desejo. Em suma, atentando para a maneira pela qual o discurso cristão fala, poderemos examinar por qual desejo o discurso cristão é secretamente animado: o desejo de ser destinado ao Reino ou o desejo de ser à maneira do mundo? Kierkegaard lembra que a única forma de polêmica a ser empregada contra as objeções é atacar o objetor... pelas costas! Explicando: atacá-lo armando-se do que ele diz. Vamos imaginar a seguinte cena (é um exemplo dado pelo próprio Kierkegaard): uma moça se diz apaixonada, está ansiosa para reencontrar seu amado; diz estar sofrendo com sua ausência, mas não o espera. Pois bem, diz Kierkegaard, deveríamos dizer a ela: "Desculpe, querida! Vejo com isso que você não está apaixonada". O mesmo valeria para um cristão que dissesse acreditar em Cristo mas não vivesse na esperança do Reino, não desejasse ser tocado pelo evento de sua palavra. Poderíamos dizer a ele: "Se você se pretende crente e faz tais objeções, digo-lhe que você não é crente; e a prova eu depreendo da sua maneira de falar". A prova da inexistência do cristianismo nós a depreenderemos também de sua *maneira de falar*. Kierkegaard acrescenta, com humor, que é uma sorte a linguagem dispor de tantos vocábulos para dizer uma palavra que não fala, como absurdos, disparates, *patati*, *patatá*, tolice etc. De fato, todos esses termos são muito úteis para salientar a palavra falante, a que se distingue do blá-blá-blá. Portanto, há algo de bom no fato de o cristianismo repisar sua pregaçãozinha enfadonha; caso contrário, como tomaríamos consciência do Evangelho como Evangelho? Desse modo temos o direito de dizer que *o cristianismo se trai quando comunica um disangelho para alguém, em vez de fazer o Evangelho falar.*

Graças a essa hipótese de partida, já podemos aventurar duas direções diferentes para a questão, altamente problemática no cristianismo, da transmissão de sua mensagem. Ou é o Evangelho como Evangelho que já não fala ao indivíduo de hoje (o que chamei, com Péguy, de "incristão"), ou é o disangelho que lhe foi comunicado como sendo o Evangelho do qual ele já não quer ouvir falar. Se continuarmos pensando que o Evangelho continua falante (e é preciso que o seja em virtude do que ele é, um "feliz anúncio"; senão seria desesperador), então convém nos determos na possibilidade de que o cristianismo talvez tenha comprometido o Evangelho substituindo-o por um disangelho e que é por não ter lucidez a respeito desse comprometimento que ele se impede de ser falante. Toda a dificuldade provém do fato de que é menos o que é dito do que o próprio *dizer* que distingue e opõe o Evangelho de seu outro invertido, o disangelho.

Surge então uma pergunta decisiva: por que razão o cristianismo se pôs imediatamente (a repreensão de Paulo aos gálatas o comprova) a proclamar um outro Evangelho? Paulo ainda nos esclarece: "esse Evangelho que vos anunciei não é do homem" (Gl 1,11). Deve-se então pensar que o Evangelho só aparece como Evangelho na medida em que não vem de nós, ao passo que o disangelho não é o Evangelho porque ele é *produto* do homem. Ora, o homem só produz o que lhe pode ser útil; por isso, nossa questão de partida se torna: *a que utilidade responde um disangelho?* O que leva a emitir esta outra hipótese: o cristianismo se opôs tanto menos ao Evangelho (não pode fazê-lo sem negar a si mesmo) quanto julgou mais útil compensar a *decepção* que o Evangelho lhe causava, dando-lhe outra forma. Ou seja (e aqui se enuncia a tese inédita destas páginas), o disangelho é a face apresentável do Evangelho que pretende torná-lo mais adequado ao que o ser humano pode esperar de uma mensagem de felicidade. Uma verdadeira traição é menos uma oposição do que uma correção (nesse sentido, Judas é o discípulo mais "próximo" de Cristo): o cristianismo não se opõe ao Evangelho, mas deseja-o mais conforme a seu desejo. Daí a dificuldade que vai nos deter: pode parecer que quanto mais o cristianismo deseja responder ao desejo do homem mais sua mensagem dá a entender o que o Evangelho não diz. Não é que o Evangelho seja contra o desejo, muito ao contrário, já que ele torna possível o desejo abrindo-o para o que o excede: a graça de enfim existir. Mas o paradoxo não para aí: vou tentar mostrar que *a decepção provocada pelo Evangelho é um negativo interno ao próprio Evangelho*, e não uma infelicidade que lhe vem do exterior. Mas, se isso é verdade, significa que a transmissão do Evangelho se tornou mais *impossível* ainda do que as razões que explicariam seu fracasso como regime de modernidade. Portanto, por um lado, um cristianismo de pertencimento empreende uma estratégia de "nova evangelização" sem perceber que ele prega um disangelho que o condena ao fracasso; por outro, um cristianismo de experiência, para proclamar o Evangelho como Evangelho, consente em provocar uma feliz decepção.

Qual o sentido de dizer que o Evangelho provoca uma feliz decepção? Pela razão bem evidenciada por Paulo: o Evangelho não é nosso produto; ele não corresponde ao que o teríamos feito dizer se pudéssemos inventá-lo. Mas se ele só fosse essa decepção, mereceria ainda ser chamado de Evangelho, "Boa-nova"? Certamente não, seria absurdo ou perverso dizer que o Evangelho é uma novidade, a melhor nova possível, se esta nos condenasse à desesperança. Como se vê, o paradoxo continua se aprofundando: deve-se pensar, de fato, que o Evangelho precisa ser bom para o homem pela própria razão da decepção que ele gera. Haveria então uma "boa" decepção a atravessar, assim como a ilusão não é o erro mas o caminho que a verdade deve tomar para ser verdadeira para alguém. Ou seja, a decepção gerada pelo Evangelho não tem outra razão a não ser a seguinte: ela provém do fato de o Evangelho nos fazer desejar aquilo que nosso desejo nem suspeita. Não há melhor maneira de dizê-lo do que esta: o Evangelho decepciona porque *deixa a desejar*. Mas é para reformular nosso desejo ou, mais exatamente, para salvar o desejo de um desejo sem fim (e tenho vontade de acrescentar, de um desejo sem *fome*), que é um sintoma da nossa época, dividida entre bulimia e anorexia. O fato de o Evangelho não ser "produto" nosso aparece melhor do que nunca em seu caráter duplamente inverossímil (até a loucura do "paradoxo") e impossível (até o escândalo). É justamente em razão da decepção provocada por esse caráter inverossímil e impossível do Evangelho que o cristianismo preferiu conformar seu discurso ao verossímil e ao possível. É também porque ele sempre teve medo de não conseguir transmitir o que é literalmente *intransmissível*: o Evangelho como Evangelho. De que inverossimilhança e de que impossibilidade o Evangelho fala? Ouçamos a resposta do evangelho de Marcos: "Quem quiser salvar sua vida a perderá; mas quem perder sua vida por causa de mim e do Evangelho a salvará" (Mc 8,35). O que significam essas palavras difíceis de ouvir senão que o Evangelho só se torna uma nova feliz para quem ousa desligar-se de si mesmo, para quem abandona a segurança que lhe oferecem o verossímil e o possível, que ousa voltar as costas ao *eu* que ele é para se aventurar na direção do *si* que poderia se tornar (não em potência ou potencial, mas como *possível*). O eu: a ilusão que me faz acreditar que sou alguém. O *si*: *quem* eu sou na verdade e que, por essa razão, não existe... ainda. Não é inverossímil pensar que o si que sou chamado a ser está por vir quando eu estiver seguro do eu que acredito ser? Tornar-se si: essa tarefa não parece impossível? De fato, como ser si-mesmo se é preciso, para sê-lo, sair de si? O Evangelho arrisca-se a dizer que o inverossímil não é absurdo e que o impossível não está fora de alcance. Como? É justamente isso que se trata de ouvir, contanto, mais uma vez, que isso seja dito. *O cristianismo só é verídico quando diz como o si passa pelo desprendimento de si.* Em contrapartida, ele não existe quando seu discurso reforça o eu em suas necessidades religiosas ou espirituais. Este é, de todo modo, o caminho desconcertante que vou seguir aqui. Kierkegaard formula com concisão a hipótese principal das reflexões que compartilho aqui com vocês: "Colocou-se todo o cristianismo no verossímil... para fazê-lo se calar".

Arrisquei a seguinte hipótese – na verdade, reforçado pelo próprio Apóstolo Paulo: um certo cristianismo preferiu substituir o Evangelho que convida ao desprendimento de si por um outro Evangelho (nós o chamamos disangelho) que pretende reforçar o eu decepcionado por saber que ele só se encontra sob condição de se perder. É preciso então propor uma outra leitura da história do cristianismo: o que aparece então é um cristianismo que dá a ilusão de estar à escuta do Evangelho, ao passo que sua motivação oculta é a de compensar a decepção que ele sente à escuta da palavra de Cristo, a fim de continuar transmitindo essa mesma palavra! Assim, se essa leitura se justifica, seria em nome da fidelidade à ordem de proclamar o Evangelho que os cristãos teriam substituído por outro Evangelho, mais de acordo com os interesses da propaganda missionária. Por um lado, o Evangelho *decepciona* porque diz que a vida do "si" passa pela morte do "eu". Por outro, o disangelho *agrada* porque diz que a vida do "eu" vale mais do que esse improvável "si" que seria preciso se tornar.

Daí o paradoxo que mencionei acima: *verifica-se a escuta do Evangelho pela decepção que ele provoca, pois ninguém, a menos que já seja um si, quer perder seu eu.* Do mesmo modo, verifica-se a qualidade da palavra cristã por sua maneira de gerir a decepção causada pelo Evangelho. O que nos introduz no centro da reflexão que compartilho aqui: o cristianismo de pertencimento e de identidade fala uma linguagem cristã que chamo de linguagem da beatice, chamada também, com muita propriedade, "clichê eclesiástico"*, uma forma de *novilíngua* eclesial que não responde à "gramática" do Evangelho, uma vez que ele é seu disangelho. A perda da

---

* Em francês, o autor usa *langue de buis*, literalmente "língua de buxo", alusão ao buxo (*buis*), que está entre os ramos tradicionalmente abençoados no Domingo de Ramos. O autor faz, assim, um trocadilho com *langue de bois* (literalmente língua de madeira, de pau), expressão que designa uma linguagem estereotipada, clichê [N.T.].

fé, essa é a desgraça do cristianismo; ela se verifica na linguagem e pela palavra, quando esmaece a *tonalidade* sem a qual termos como "graça", "fé", "esperança", ou ainda "perdão" não são, justamente, mais do que vocábulos.

A linguagem da beatice

"A perdição do cristianismo histórico foi justamente o otimismo da beatice esvaziado de toda existência trágica." A constatação parece grave, como um julgamento definitivo. Quem a faz? Um incrente? Um adversário do cristianismo? Não, um cristão do século XX, teólogo ortodoxo renomado, cujo nome é Paul Evdokimov. Em que sentido ele falava de "beatice"? O dicionário dá a seguinte definição para este vocábulo: "Devoção que dá demasiada importância às formas exteriores da religião, a seus aspectos mais tradicionais e mais sentimentais". E no plano da expressão: "Representação figurativa de um tema religioso, essencialmente caracterizada por sua banalidade conformista, sua excessiva pieguice". Ou ainda: "Expressão (literária etc.) de uma religiosidade esmaecida pelo tradicionalismo, pelo sentimentalismo". Palavra ou expressão piegas, insossa, a beatice não tem relação com a existência, mas com uma religiosidade confortável e, portanto, inofensiva. Ora, uma vez que a existência é uma tensão ou, mais exatamente, uma provação, ela deve ser qualificada, como faz Evdokimov, como "trágica". Trágico não é sinônimo de dramático: a existência pode ser dita trágica sem no entanto estar submetida a terríveis desgraças de todos os tipos; basta ao "eu" nem sempre estar confiante em sua existência para ele sentir que viver não é axiomático.

Chamaremos de "beatice" a forma de religiosidade que, não contente em não chamar o si a existir, mantém o eu na ilusão de ser si. A beatice (ou a "espiritualidade", ou a "busca de sentido") consiste em preconizar ideias vazias para dispensar-se do trabalho da apropriação da Palavra na existência, para se dispensar de aturar as Escrituras. Vamos evitar um contrassenso: a beatice de que trataremos aqui não visa as devoções assim chamadas "populares", como o terço ou as peregrinações, mas uma forma de religiosidade narcísica que pode muito bem coexistir no interior de todo cristão. Em cada cristão, o crente está ao lado do pagão... Por essa razão a beatice é quase indetectável: só é identificável pela escuta "fina" da maneira pela qual o Evangelho fala. Destaco ainda que o desvio que faz passar do Evangelho para o disangelho atinge essencialmente os termos relacionados à própria vida: fé, esperança e amor (e também os termos intimamente ligados a eles, como alegria, paz, graça, perdão etc.).

Bem-dizer

Convenhamos que é importante que o Evangelho seja *dito* e que seja dito *como Evangelho*. Todo o objetivo destas páginas é oferecer *regras de linguagem*. Tranquilizem-se: as regras de linguagem são entendidas aqui num sentido muito menos formal do que em gramática. Entretanto, se a fé é uma linguagem – e ela o é num sentido eminente, uma vez que toda linguagem é sustentada, inclusive quando mente ou quando divulga *fake news*, por uma *confiabilidade* sem a qual o homem não poderia tornar-se humano –, então deve-se pensar que a fé não fala de um modo qualquer. Não basta dizer boas coisas para dizê-las bem! Creio que o cristianismo, com toda a sua obsessão por ser verdadeiro, esqueceu que a verdade está menos no que é dito do que no "dizer-bem", que autoriza um "fazer-bem" e um "fazer-o-bem". Certamente o Evangelho em si mesmo continua saboroso, mas é justamente caindo na boca e na língua de todos que ele pode perder seu sabor, tal como Jesus nos advertiu: "Vós sois o sal da terra. Se o sal perder o sabor, como voltará a ser sal? Já não valerá nada". *É na língua que o cristianismo começa, também nela ele termina.* Na verdade, só há uma regra fundamental que faz a fé falar bem, e seu esquecimento quase completo expressa por si só a degenerescência da palavra cristã. Qual é essa regra a qual Kierkegaard nos diz que "deve ser, em toda parte, o critério de verdade da fé"? O Novo Testamento a retoma do mundo grego e lhe dá o sentido de uma segurança que faz (bem) falar: a *parrésia*, termo bastante difícil de traduzir (etimologicamente "dizer-tudo") e cujo sentido define uma atitude fundamental para o anúncio do Evangelho como Evangelho: a franqueza daquele que faz parte de uma palavra a cuja escuta ele continua *confuso*. É o "falado" correto e verdadeiro, numa certeza sólida que vem da fé e da esperança, e não de uma convicção ou de um saber. "De posse de tal esperança, procedemos com plena franqueza (*parrésia*)", escreve Paulo, na Segunda Carta aos Coríntios. A *parrésia* é uma franqueza que redobra a exigência de dizer a verdade; há uma maneira de não ser verdadeiro com a verdade quando ela é desviada do que faz na verdade: possibilitar a confiança. "Creio e falarei", o versículo do Sl 115, em sua concisão, é a própria fórmula da *parrésia*.

Significatividade e *veridição* da palavra evangélica

Vamos definir então a linguagem da beatice como todo discurso que não é produzido pela *parrésia*. Essa linguagem que não diz "bem" não atinge apenas, conforme logo se poderia pensar, a linguagem religiosa ou piedosa; porém, mais insidiosamente, a própria linguagem. Nesse sentido, a beatice designa uma *doença** da palavra, cujos sintomas ultrapassam amplamente o uso estritamente religioso. Pode ser encontrada profusamente no espaço público, nas mídias, nos discursos políticos e até mesmo na linguagem econômica (também ela constituída por crenças). É principalmente toda a mitologia do desenvolvimento pessoal, da busca da felicidade, da aspiração ao sucesso ou, mais prosaicamente, ao bem-estar, ou o mercado das espiritualidades que melhor se prestam à linguagem da beatice. Não surpreende então que o discurso cristão possa ser infectado por ela.

Dois princípios estão sempre em ação quando a fé, o amor e a esperança são *falantes para alguém*; ou seja, quando a *parrésia* os faz falar: o princípio de *significatividade* e o da *veridição*. O primeiro exige que um sinal esteja relacionado com a vida ou a existência de alguém; ou seja, para ser

---

* Em francês, o autor faz um trocadilho entre a pronúncia de *maladie* (doença) com *mal au dit* (mal no dito), intraduzível em português [N.T.].

falante, o Evangelho deve falar do... *eu*! Não estou dizendo que ele deve falar do homem (ou da mulher), pois isso já é abstrato demais, nem mesmo do humano, essa "curiosa hipostasia que só pega dos homens sua parte racional e boa, rejeitando suas trevas", escreve o escritor Sean Rose no diálogo que ele publicou com François Bégaudeau, *Une certaine inquiétude*. Não, o Evangelho deve poder falar, ser eloquente, para *mim*. De fato, conforme lembra a propósito o filósofo Alain Cugno, "o mais original, o original por excelência, o único verdadeiro, é o eu". Mas o "eu" entendido como o "si" que ainda não sou e que é chamado a existir. Certamente o cristianismo fala; mas, para ser mais rigoroso, seria preciso dizer: ele comunica – até comunica muito, não deixando de se aproveitar das fulgurantes possibilidades dos atuais meios tecnológicos. Ora, um exame mais lúcido leva a arriscar a seguinte opinião: *quanto mais o cristianismo comunica, menos ele parece falante*. Pois ele fala, discursa e prega sobre quase tudo, desde a paz no mundo até a transição ecológica, desde os migrantes até a economia, mas ele é cada vez menos falante a respeito da questão decisiva para cada um: *e eu? O que será de mim?* O Evangelho se dirige a todos os seres humanos, mas esse "todos" é X ou Y; ou seja, *você* e *eu*. Mudança de estilo: o discurso cristão já não está encerrado no registro do referencial (em que se fala de alguma coisa); doravante, o que ele diz *fala a mim*. Em vez de emitir uma mensagem pronta-para-acreditar* a palavra emite sinais que exigem ser reconhecidos e acreditados.

---

* Em francês, *prêt-à-croire*, referência a *prêt-à-porter* = "pronto para vestir", que designa a área da confecção de roupas compradas prontas [N.T.].

Para compreender como a linguagem cristã deve ser significativa, vamos tomar um "caso-limite" da linguagem da fé: a ressurreição de Cristo (lembremos aqui que não havia cristãos antes da chegada da fé no evento pascal). Lê-se no evangelho de Marcos, no relato da Transfiguração, que Cristo intima os apóstolos a não contarem para ninguém o que viram, "até que o Filho do Homem ressuscitasse dos mortos". E o texto acrescenta: "Observaram a ordem, perguntando entre si o que Ele entendia por 'ressuscitar dos mortos'". Essa interrogação teria se extinguido? É verdade que os cristãos dizem acreditar nisso, mas saberão de fato no que acreditam? Como todo evento, a ressurreição de Cristo não independe de seu significado para os discípulos: "Ide, dizei a seus discípulos e mesmo a Pedro..." Mas, se a Ressurreição só tem sentido no ato de fé que ela possibilita, isso significa que fora da fé dos discípulos ela é apenas um fato, decerto completamente incomum, do qual Jesus teria sido o único beneficiário, mas que não se percebe muito bem em que diz respeito a todo ser humano. Resta então da Ressurreição uma crença útil à propaganda missionária; a sepultura "vazia" torna-se uma prova, e não a emissão de uma palavra destinada apenas *à fé*. Ou então nos limitamos a falar da "ressurreição" num sentido simbólico. Assim, pode-se dizer que a primavera é a época em que a natureza "ressuscita". Mas isso seria esquecer que a linguagem da fé não é simbólica, mas *metafórica*; ela não remete a uma realidade "outra", como fazem os símbolos, mas fala de outra maneira da realidade, como faz a metáfora (assim, dizer que Deus é o "rochedo que me salva" expressa, por meio da metáfora "rochedo", a segurança que encontro em Deus). Então, diremos que o termo "ressurreição" aponta para a possibilidade de viver de outra maneira e que é para essa possibilidade que a fé orienta nossa esperança. "Na verdade, na verdade, eu vos digo, se o grão de trigo que cai na terra não morrer, ele permanecerá sozinho; se ao contrário ele morrer, dará frutos em abundância." Para dizer o sentido da Ressurreição, o evangelho de João privilegia a linguagem falante da metáfora. A infelicidade da palavra cristã foi esquecer o valor metafórico da linguagem da fé. É nesse sentido que se deve entender a exortação do Apóstolo Paulo: "Se Cristo não ressuscitou, nossa pregação é vã e vã também é vossa fé" (1Cor 15,14). Se a Ressurreição não é significativa, primeiro para o próprio Cristo e depois para nós, então é a própria diligência da fé que não tem nenhuma importância. Pois, como veremos, não é possível existir sem crer e, na medida em que será preciso compreender, sem crer possível a *surreição* do si vivo fora do eu destinado a morrer. Só a fé na Ressurreição fundamenta o sentido de nossa existência singular, sem a qual a vida seria apenas a vida e a morte seria apenas sua negação. Portanto, não basta recitar no domingo: "No terceiro dia, Ele ressuscitou dos mortos" para que essa crença registre automaticamente um verdadeiro ato de fé na Ressurreição. Kierkegaard bem vira o declive fatal em que a fé corre o risco de deslizar: "Quando sai do presente existencial em que ela é atualidade pura, imediatamente a religiosidade se esmorece. Que ela se abranda e com isso se torna menos verdadeira, isso se manifesta imediatamente no fato de se transformar em doutrina". Do mesmo modo, se extrairmos a fé na Ressurreição de seu significado para a existência, nada mais resta do que uma crença que se tentará estabelecer com base em um fato cuja exatidão histórica é pelo menos difícil de estabelecer. Crer na Ressurreição é antes de tudo rememorar uma palavra viva que se trata de *re--suscitar*. "Lembrai como Ele vos falou quando ainda estava na Galileia", dizem os dois homens às mulheres que vieram à sepultura no amanhecer do primeiro dia da semana. A fé é "evocação" de uma palavra viva e vivificante dada de uma vez para sempre.

O segundo princípio, o da veridição, está ligado ao primeiro. Ele pretende que aquilo que é significativo seja dito de tal maneira que comprometa quem o diz com alguém. Paulo bem o compreendeu, uma vez que afirma não só que sem a Ressurreição nossa fé seria vazia de sentido, mas também que a pregação seria vã. Uma pregação sem veridição recita mas não fala. Em suma, toda a tese que defendo nestas páginas é a seguinte: *sem significatividade e, portanto, sem veridição, o cristianismo não existe; pelo menos não existe como eco ao Evangelho como Evangelho.* O princípio de veridição está ligado à verdade; sem verdade não há confiança e sem confiança não há palavra. Se o cristianismo não falasse da verdade do que está em jogo para mim e que é minha existência por vir, não só ele não teria nada a me dizer como, além do mais, não seria *crível*. Só serviria para ser jogado nas latas de lixo em que já se amontoam outras ideologias mentirosas. E é também porque a mensagem do cristão é significativa que ele não tem necessidade de estratégias de comunicação ou de *marketing*, mas de veridição: aquele a quem ele se dirige será tão mais levado a se decidir a favor ou contra a mensagem, que ouvirá quanto mais o que se dirigir a ele chamá-lo à existência, dando à sua vida uma orientação que supere as contradições entre seu desejo de vida viva e sua vontade de acabar com ela.

Cabe-nos então, agora, examinar mais de perto esses dois princípios, a fim de poder dispor de "critérios" de discernimento da linguagem cristã e permitir, assim, distinguir o que faz parte da linguagem da beatice e o que está em consonância com a *parrésia* evangélica. Atribuí à linguagem da beatice a denominação familiar de clichê eclesiástico porque o clichê é uma forma de expressão utilizada com muita frequência no mundo político, que visa dissimular a incompetência para abordar um tema por meio da utilização de banalidades abstratas, ou que apela mais para os sentimentos do que para os fatos. Permite dizer não o que se pensa, o que se acredita ou o que realmente se suspeita, mas o que parece que deve ser dito para estar de acordo com a linha do partido ou da opinião dominante. A versão cristã da linguagem dos clichês serve menos para ocultar a incompetência do que a ausência de significatividade que, como acabamos de ver, é essencial à veridição da palavra cristã. Mas o clichê eclesiástico tende a proferir banalidades abstratas. Mais grave ainda é que, quem o emprega, finge acreditar e pensar o que acredita por medo de não parecer suficientemente crente. Equivale a dizer que o clichê eclesiástico, como todo clichê, é uma retórica mentirosa cuja utilidade está em se acreditar crente (cristão, socialista ou ecologista, pouco importa – o mecanismo é idêntico).

Língua de ferro e clichê eclesiástico

O fato é que há não muito tempo a autoridade eclesiástica (e isso valia para todas as autoridades constituídas) falava uma verdadeira "língua de ferro". A língua de ferro tem um som metálico; ela impõe, exige, ordena; é a língua do comando e compreende-se que tenha sido sempre privilegiada por quem só espera dos outros submissão e obediência (cega). Certamente é útil à tendência que desejava impor uma doutrina e uma moral. Claro que é de comemorar que as Igrejas tenham abandonado o uso da língua de ferro (mas talvez seja porque já não podem exercer a menor coerção sobre seus fiéis e menos ainda sobre os outros...), mas o uso abundante que fazem do clichê eclesiástico não é menos prejudicial à proclamação do Evangelho. De fato, embora o clichê eclesiástico, diferentemente da língua de ferro, não provoque *resistência*, ele leva a tornar a palavra cristã *insignificante*. Kierkegaard já constatava a insignificância progressiva da palavra cristã. Em sua época, em Copenhague, onde ele vivia, à noite, guardas-noturnos circulavam nas ruas para indicar a hora cantando coplas extraídas dos salmos ou de obras pias. Kierkegaard escreve: "Que esperança há para quem, nos dias de hoje, ensina a doutrina cristã, ou que perspectivas se abrem aos pregadores do Evangelho em nossa evolução em que os servidores da Palavra logo serão, com seus dogmas cristãos na situação dos vigias com suas coplas edificantes ('Perdoa, por causa das chagas de Jesus, nossos pecados, ó Deus misericordioso!': que singular contraste com toda a azáfama da rua) a que ninguém dá atenção e cujo canto tem o único interesse de indicar a hora". A beatice enuncia os lugares comuns que já não interpelam, reduz-se a baboseiras insossas que já não dão nem a hora! Com isso, a palavra cristã se reduz a operações de comunicação! O cristianismo não seria, no final das contas, mais do que uma maneira de falar, uma visão religiosa do mundo, à espera de um *marketing* eficaz.

Identidade ou alteridade?

Vamos dar agora alguns exemplos que permitirão compreender melhor a "gramática" do clichê eclesiástico e, por contraste, a da *parrésia*. Uma profissão de fé alternativa ao credo recitado na missa no domingo diz: "Crer que a condição humana é o lugar em que somos chamados a trabalhar para instaurar a justiça e a paz, e responder a esse chamado é testemunhar que Jesus ressuscitou". Um líder cristão afirma: "Nós aqui, juntos e em paz, cremos e esperamos num mundo fraterno. Desejamos que os homens e as mulheres de religiões diferentes, por toda parte, se reúnam e criem concórdia, especialmente onde há conflitos. Nosso futuro é vivermos juntos". O que têm em comum esses dois exemplos de clichê eclesiástico? Em primeiro lugar, convenhamos que essas duas maneiras de falar têm o ar de se conformar ao que se tem o direito de esperar da palavra cristã. De fato, *essas palavras generosas e gerais dizem o que se deseja que todo o mundo pense*. Qual a razão para serem tachadas de clichê eclesiástico? Por que julgá-las tão mal, a não ser por má-fé? Em que convidar os homens que ao "viver-juntos" é sinal de uma palavra disangélica?

Para compreendê-lo é preciso reconhecer a relação entre a alteridade e a identidade que ocorre no clichê eclesiástico. Vamos tomar outro exemplo: "Construir um mundo melhor é fazer vir o Reino". Vê-se que esse *slogan* estabelece uma *identidade* entre a construção de um mundo melhor e a vinda do Reino. Mais grave, afirmações como essa parecem determinar que a vinda do Reino depende das forças humanas com vista a um mundo melhor. Ora, o Evangelho inverte esse ponto de vista: é *porque* o Reino está se aproximando que convém mudar. "O Reino de Deus está vindo... mudai a maneira de pensar", diz Cristo no início do Evangelho. Essa lógica em que a identidade prevalece sobre a alteridade é vista em ação num trecho encontrado num jornal belga, bastante exemplar do clichê eclesiástico (a qual se vê que pode ser falada também por pessoas que não se reconhecem cristãs): "O humanismo leigo e o humanismo cristão têm em comum pelo menos o fato de colocarem em primeiro plano o homem e sua dignidade, ainda que o abordem ou o compreendam, em parte, de maneira diferente. Não é se opondo, mas se aliando que servirão ao homem num mundo de evoluções rápidas em que seu futuro e seu sentido são questionados. É urgente partilhar recursos, inventar projetos, imaginar novas sínteses. E fazê-lo juntos". Mais uma vez, tudo isso parece justificado, e de fato esses propósitos não deixam de mostrar bons sentimentos (e provavelmente é só isso que se requer deles...). Novamente, consideram que o futuro de Deus depende das capacidades humanas (e, de fato, não haveria razão para que essas capacidades não pudessem ser compartilhadas para além das diferenças de convicção ou de opiniões confessionais) e, portanto, de uma identidade entre a ideia que o eu faz de seu próprio poder e o resultado esperado desse poder (um "mundo melhor"), ao passo que é possível indagar se o por-vir prometido pelo Evangelho não seria um mundo em que toda vontade de poder se desfaria graças ao amor-dom.

Comparando agora esses exemplos de clichês eclesiásticos com o Evangelho, vê-se que a identidade está aberta ao que ela não é (ainda), e que é significada por meio da metáfora do "Reino". Depois que o homem rico voltou muito triste porque Jesus o convidava a se despojar de seus bens para segui-lo, os discípulos perguntam quem pode ser salvo. Jesus responde: "Para os homens, é impossível, mas não para Deus, pois para Deus tudo é possível". Com a palavra "impossível", Cristo nos faz passar da identidade (o eu *iguala* suas possibilidades; o homem *é* o que ele faz) à alteridade (tornar-se si é impossível para o eu a não ser pela graça do *Outro*). Ou seja, tudo o que o homem concebe como possível é esvaziado de toda pretensão e tudo o que o homem pensa ser impossível lhe é proposto como possível. Como se vê, o Evangelho esvazia de sua sedução a fantasia de onipotência e destrói a ilusão engendrada por ela. Essa é a novidade de palavra que a *parrésia* assume: ela introduz na linguagem a alteridade que falta quando o indivíduo se encerra na linguagem da suficiência. Ou ainda a palavra do evangelho de Marcos, cujo lugar central já mencionamos: "Quem quiser salvar sua vida a perderá; mas quem perder sua vida por causa de mim e do Evangelho a salvará" (Mc 8,35). Recusar-se a perder sua vida é iludir-se de ser o "si" que o "eu" desespera de ser (querer ser si-mesmo é a raiz do desespero). Em suma, o "eu" é um *arrivista* que se angustia com a ideia de perder sua identidade adquirida a muito custo. Ele não quer acreditar que a única "perda" que é para sempre é a perda do "eu"... Ora, aos olhos do Evangelho, perder a vida por causa de Cristo e de sua mensagem é salvá-la da ilusão; ou seja, torná-la *viva*. Só a alteridade trazida por Cristo e pelo Evangelho oferece para o eu a possibilidade de existir e, assim, ver sua vida salva. Decididamente, o clichê eclesiástico torna manifesta a necessidade, para a religiosidade, de se dar uma alteridade que não seja demasiado outra a fim de poder geri-la mais facilmente no que fará passar-se por uma *necessidade religiosa (ou espiritual) do eu.*

Exterioridade da coisa ou interiorização da experiência?

Outra confusão vem desviar a palavra cristã e transformá-la em clichê, tornando-a tão verborrágica quanto insignificante. O clichê eclesiástico confunde a exterioridade daquilo de que ele fala com a dinâmica viva e interiorizada da experiência. Esse ponto provavelmente será mais difícil de explicar, uma vez que essa confusão é particularmente indetectável e insidiosa. Sobretudo, ela se apresenta com a maior certeza de estar falando como convém fazê-lo em regime cristão. Muitos padres resolveram dizer "Deus todo-poderoso de amor" em vez de "Deus todo-poderoso", que suscita os problemas que se preveem. Ora, embora a intenção seja louvável (e lembremos: na maioria dos casos, usamos a linguagem do clichê eclesiástico sem perceber e mais frequentemente com intenções recomendáveis), nem por isso essa maneira de dizer, para "corrigir" ou "mitigar" a onipotência divina (ou para conciliar-se com ela), confunde a exterioridade do amor divino (quer ele seja onipotente ou não, aqui não é essa a questão) com a prova que consiste, para cada um, em acolher essa nova perturbadora: eu sou amado! O anúncio do amor de Deus só pode ser entendido como uma boa-nova por quem consente antes de tudo em acolher esse amor absolutamente gratuito e condicional. Desvinculada da prova dessa acolhida, a expressão "Deus todo-poderoso de amor" hipostasia o amor, mas não permite compreender que o amor é algo completamente diferente do amor "meloso" e sem história, em que o "eu" nunca se *altera* verdadeiramente. Bellet indaga com razão: "Quem pode amar com o amor que *não recebeu*?" Ou seja, *só a disposição a acolher o que é oferecido de modo absolutamente gratuito permite reconhecer nisso o amor.* Ora, essa disposição não é inata ou "natural"; ela não é evidente, uma vez que pode engendrar a dúvida (no mais das vezes: será que mereço ser amado?), até mesmo a rejeição (não quero esse amor, pois ele me é dado para mais me obrigar). Por isso, dizer que Deus é todo-poderoso de amor (o que os evangelhos não dizem) pode significar o prumo de um amor exterior a mim (e que não tenho certeza de querer) ao qual nada deve resistir – nem mesmo a condição necessária para que um dom seja verdadeiramente um dom, que é a de ser acolhido livremente. Digo frequentemente em forma de gracejo (mas será apenas um gracejo?), que as igrejas estavam cheias quando nelas se apresentava às pessoas um Deus juiz, severo e inquisidor (o olho que vê tudo), mas que se esvaziaram quando, por excelentes razões, passou-se a pregar o "Deus-Amor"... Essa confusão de linguagem entre a exterioridade e a interioridade só parece realmente prejudicial à comunicação do Evangelho como Evangelho porque ela esquece que aquilo que é dito nunca é patente: só se pode falar de um Deus amor na medida em que se reconhece ser amado por Ele. E o cristianismo, que deveria significar a passagem pela qual o dom é reconhecido, fala do amor como de uma "coisa" evidente, natural, à maneira de todo o mundo, ao passo que o amor-dom é o sinal ainda amplamente inédito da presença do Reino entre nós.

A melhor réplica a essa confusão, que se esquece de introduzir à experiência para só reter da mensagem o seu conteúdo, nos é dada pela simples passagem do Novo Testamento em que se diz literalmente que Deus é amor. Trata-se da Primeira Epístola de João; nela se lê esta passagem bem conhecida: "Quem não ama não descobriu Deus, pois Deus é amor". Vê-se aqui a notável ligação, *no interior da própria linguagem*, entre o que é dito de Deus (que chamei de exterioridade, como de tudo de que se fala) e o próprio processo que faz reconhecê-lo ou não (na interioridade; ou seja, no espaço de decisão e de liberdade próprio de cada um). De fato, dizer que Deus é amor só é evidente se a própria pessoa vive algo da *experiência* do amor. Ora, o amor só merece verdadeiramente seu nome como reconhecimento de que sou amado pelo Outro, o que me faz propriamente existir, tal como diz, ainda, a Epístola de João: "Quanto a nós, nós amamos, porque Ele nos amou primeiro". Ou seja, só Deus pode dar ao homem o amor com que Ele ama e de que o Evangelho fala. Ora, esse amor, como veremos melhor a seguir, permanece impossível de conceber enquanto não é recebido o dom do amor que o torna possível. É o que diz a Epístola de João: só quem ama *como* Deus conhece *quem* é Deus. Se o cristianismo fala do amor sem lembrar primeiro e antes de tudo que o amor é dom do amor antes de ser amor de dom, ele está condenado a não mais saber como falar do amor a não ser nas categorias *do que é* ou *do que deve ser.* Mas, se o amor de Deus me obriga, não estarei sempre em dívida diante de uma exigência tão exorbitante? Ora, a palavra da epístola tem a função de fazer aparecer na e pela linguagem um *possível* que eu posso *verificar* quando me reconheço justificado por um desejo de pura benevolência. Senão, continuamos reduzindo o amor às categorias do "agradável" e do "desagradável": amo o que me agrada e detesto o que não me agrada. Ora, o amor de Deus se revela por Ele amar o não amável. E o sinal de que esse amor foi acolhido como justificação primeira da existência não é outro que não o amor pelo próximo que, de estranho que nos aparece de início, torna-se um irmão. Para dizê-lo ainda de outra maneira, a linguagem evangélica fala dentro do interstício *entre* a falta e a plenitude, a necessidade e o desejo, a espera e o dom, ao passo que a linguagem da beatice oscila de um a outro: ou só fala da falta (na maioria das vezes para queixar-se dela) ou só fala da plenitude (mas, como é desligada da falta, ela é apenas uma quimera), mas nunca da falta aberta à plenitude ou da necessidade transfigurada em desejo.

A crença, gestão da decepção

Na realidade, aparentemente o clichê eclesiástico não fala a linguagem da fé, mas a da *crença.* Para compreender a distinção fundamental entre fé e crença, distinção que o verbo *croire* [crer] em francês não permite (o inglês, por sua vez, distingue *Belief*, crença que não vai além da conjectura, e *Faith*, crença de quem confia no outro), precisamos voltar à *decepção* inevitavelmente engendrada pelos possíveis abertos pelo Evangelho. Eu disse que o Evangelho é a palavra que torna possível o que à primeira vista nos parece inverossímil e impossível: o dom de existir. Chamo de "inverossímil" o que *excede* todo pensamento que pensa dentro dos limites da representação (a existência é essa "saída de si" que não pode ser representada, mas só significada). Nesse sentido, será considerado "inverossímil" o que escapa à visão comum por onde as coisas estão disponíveis para um saber útil ao sujeito. É preciso perceber que o inverossímil é um juízo de valor que repele para fora da "normalidade" tudo o que não serve à vontade de poder reivindicada pelo homem. Uma vez que a verossimilhança está ligada ao saber, ela se baseia essencialmente na busca da *causalidade*, a fim de poder garantir um mínimo de *plausibilidade*: será dito verossímil aquilo cujo efeito corresponde a uma causa determinada. Assim, será considerado verossímil que uma agressão sofrida (a causa) provoque uma reação de raiva que possa, por sua vez, acarretar uma resposta (o efeito). A violência entre os indivíduos e entre os povos não se explica de outra maneira. "Olho por olho, dente por dente". Ora, o Evangelho diz: "Amai vossos inimigos e orai pelos que vos perseguem". Convite altamente inverossímil, já que solicita que se ame o não amável! E impossível, já que solicita que se dispense um efeito (a vingança) tornado inevitável pela causa (a agressão sofrida). Peça-se aos pais cujos filhos foram vítimas de predadores ou de carrascos que amem seus agressores... Daí se conclui que essas afirmações "inverossímeis" são contraditórias (amar o não amável) ou utópicas (mas de uma utopia irrealizável), mais radicalmente, que são os sinais ou da loucura dos covardes que se submetem, ou do heroísmo dos santos que repugnam a natureza humana. Seja como for, não se deve ser mais católico do que o papa... Não é a única palavra inverossímil e impossível do Evangelho; podemos pegar todas as que são dadas no Sermão da Montanha do evangelho de Mateus e constataremos que elas beiram o inverossímil e o impossível. "Eu vos digo que não resistais ao malvado. Ao contrário, se alguém te bater na face direita, apresenta-lhe a outra face." Ou ainda: "A quem quiser levar-te ao juiz para tomar tua túnica, dá também teu manto". E o que dizer desta: "Fazei o bem e emprestai sem nada esperar em troca"?

O *impensado* do Evangelho

O Evangelho tem ao mesmo tempo algo de palavra no limite do *inverossímil* e de um agir no limite do *impossível*, dupla condição para que a proclamação do que Jesus chamava, por essa expressão que se tornou para nós estranha e desusada, o "Reino", possa mudar a situação do mundo e não a reproduzir. "Você não pensa nisso?", perguntamos desconcertados a alguém que imagina algo que nos parece inverossímil ou impossível. O caráter inverossímil do Evangelho resulta de um *impensado* que é ao mesmo tempo sua força e sua fraqueza. "O que é loucura de Deus é mais sensato do que os homens, e o que é fraqueza de Deus é mais forte do que os homens", chega a anunciar o Apóstolo Paulo. O que implica esse impensado do Evangelho a ponto de lhe dar esse caráter inverossímil de pensar e impossível de viver? Antes de esclarecê-lo é preciso ainda dizer o seguinte: o impensado do Evangelho não seria o impensado de um "feliz anúncio" se nos condenasse ao desespero do impensável. Igualmente, o impensado não condena o pensamento-vida à ignorância, mas antes o abre para um não saber que tem uma relação de *excesso* sobre o saber e, portanto, de possibilidade sempre nova de pensar. Ou seja, o impensado faz entrar no espaço da confiança, fora do qual não há palavra. O impensado não nos condena ao mutismo, muito ao contrário, pois também é ele que faz o Evangelho falar. Maurice Bellet o diz enfaticamente: "Chegamos a nos perguntar se, no pensamento ocidental tal como *a posteriori*, e aqui o percebemos, o Evangelho como Evangelho jamais atingiu verdadeiramente o pensamento; ou seja, se de fato se desenvolveu um pensamento em que o Evangelho pensa, e não que se aplica ao Evangelho para fazê-lo pensar".

Então, qual é o *impensado* do cristianismo? Ele está contido nesta pequena frase: *tudo é graça*. Eis algo que o desejo nem mesmo duvida. É tão impensável que uma gratuidade absoluta seja a razão de tudo o que é, que até o cristianismo encontrou mérito no mérito! É a razão, obstinada em sua necessidade de "por que", que não quer ver que a graça é a única razão que justifica em última análise tudo o que é (a linguagem bíblica confessa-o dizendo que o mundo é uma criação). Creio até que se deve ir mais longe e ousar dizer que a graça incomoda o cristianismo a ponto de ele lhe ter talhado uma roupa curta demais, reduzindo a graça a ser apenas um favor improvável, outorgado aos eleitos que a merecem (os que vivem, como se dizia, "em estado de graça"). Espantosamente, portanto, há como que um *descrédito* da graça dentro do próprio cristianismo! Em todos os sentidos do termo, não é exagero pensar que o cristianismo é como que "excedido" pela graça que ele se desdobra para merecer em vez de a acolher como um dom absolutamente gratuito. Se o cristianismo nada mais é do que a palavra de(da) graça, avalia-se melhor sua desgraça quando ele reluta em testemunhar pelo que o faz existir. Veremos que a linguagem da beatice não é mais do que "desprezo pela graça e por seu trabalho lento", como dizia Péguy. O fato de a graça ser a primeira e a última palavra de tudo, e não "um objeto teológico não identificado", só aparece aos olhos da fé; o saber, aqui, é impotente. É preciso até que a graça seja revelada ao homem para que ele possa crer nela.

O que é notável e, enfim, bastante tranquilizador é que os próprios evangelhos são testemunhas da decepção gerada pelo caráter inverossímil e impossível da palavra evangélica. Essa decepção é encontrada em João Batista: "És aquele que deve vir ou devemos esperar outro?" Pode-se descobri-la nos apóstolos: "Senhor, é agora o tempo em que vais restabelecer o Reino para Israel?" Entre os companheiros de Emaús: "E nós esperávamos que ele fosse quem libertaria Israel". Ou ainda, nos Atos dos Apóstolos, os atenienses, depois de ouvirem o discurso de Paulo: "A esse respeito te ouviremos em outra ocasião". Todas essas reações de decepção menos se opõem ao Evangelho do que revelam que a visão que é a sua parece inicialmente se opor ao desejo do homem. O que se pode esperar de um messias que fracassa lamentavelmente numa cruz? Que sentido dar a uma palavra que solicita colocar-se a serviço de todos em último lugar? Cabe até afirmar o seguinte: *o cristianismo não existe quando sucumbe à decepção tentando compensá-la.* Ou seja, o cristianismo já não é eco produzido pelo Evangelho quando ele renuncia aos possíveis verossímeis e impossíveis que são abertos pelo Evangelho. Ou ainda: o cristianismo de pertencimento é, sem querer abusar do jogo de palavras, o *aviso de decepção*** que ele contrapõe ao Evangelho. Porque não quer um dom absolutamente gratuito é que ele "acusa" o Evangelho, como fazem os que repreendem Cristo por não ter impedido que uma mulher "desperdiçasse" um perfume caro vertendo-o em sua cabeça: "Para que desperdiçar assim esse perfume? Por que não foi vendido por trezentas moedas de prata para dá-las aos pobres?" Eles só compreendem o útil; ora, a graça é uma generosidade, um gasto puro.

Apesar de tudo, o cristianismo de pertencimento continua tendo relação com o Evangelho, ainda que na verdade seria sua traição: de fato, pela decepção que se aplica em compensar, ele prova que o Evangelho não é seu produto. E, como uma decepção só se elimina de dentro do que a causou, deve-se postular que não é se afastando do cristianismo de pertencimento que se redescobre a experiência que o anima incessantemente, mas escavando a decepção até que ela própria se decepcione. Em suma, a solução é atingir a

---

* Em francês, *accusé de déception*, trocadilho com *accusé de réception*, "aviso de recebimento" [N.T.].

decepção da decepção, única condição para entender como o Evangelho é, de todas as boas-novas, a absolutamente boa e a radicalmente nova. Mas vamos mais devagar. Precisamos antes tentar compreender o processo de normalização do impensado que atua no cristianismo. Essa normalização deixa sua marca na linguagem cristã, linguagem que denominamos beatice ou "clichê eclesiástico". O que equivale dizer: a linguagem da beatice é a linguagem que tenta compensar a decepção engendrada pelo impensado que está no centro do Evangelho como Evangelho.

A compensação do efeito decepcionante do Evangelho tomou um duplo caminho: o primeiro tenta assimilar o caráter inverossímil do *impensado* evangélico fazendo dele uma *crença*. A outra direção, seguida mais comumente pela tendência atual do cristianismo, consiste em reduzir o caráter impossível do agir evangélico a um discurso de *valores* ditos "cristãos". Mas ambas as direções convergem para a mesma empreitada, praticada desde o início do cristianismo (o Novo Testamento é prova disso, como dissemos): *tornar o Evangelho menos decepcionante e, portanto, mais compatível com nossas humanas expectativas!* Vamos agora observar mais detidamente como a linguagem da crença fez por "normalizar" a decepção provocada pelo impensado evangélico, sem todavia consegui-lo completamente.

A crença fabrica imaginário

Para compreender como a linguagem da crença – por mais surpreendente que seja – não é a linguagem da fé (que, como veremos cada vez melhor, é a linguagem do impensado evangélico), é preciso voltar à maneira pela qual o Evangelho nos significa a ressurreição de Cristo.

Vamos começar por um desvio: num de seus últimos ensaios, intitulado *Les nouveaux somnambules* [Os novos sonâmbulos], o filósofo Nicolas Grimaldi, buscando compreender a mola oculta do terrorismo, pensa que "toda crença consiste em considerar certo o que no entanto é duvidoso, a submeter tudo a uma fantasia como se fosse uma realidade, a suspender a realidade como se elimina uma objeção. Sob esse aspecto, *toda crença é como um sonho*". Ele tem razão: a crença é de fato uma tentativa de não levar em conta a decepção; ou seja, de ir além do real decepcionante para instalar-se num imaginário religioso que oferece sonho. Ao se seguir essa leitura para aplicá-la à Ressurreição, vê-se: com relação a nossas fantasias de imortalidade, a fé numa vida viva *na morte de si* é decepcionante (ora, é *isso* que significa a Ressurreição); a ela prefere-se portanto a crença numa vida *após a morte*, ou seja, considera-se mais ou menos certa uma vida *post-mortem*, que, no entanto, parece duvidosa mas que oferece maior benefício para o eu. Ou seja, a angústia de um dia morrer é mais bem-assimilada pela crença como uma vida após a morte do que por uma inverossímil proposição do Evangelho que convida o próprio "eu" a morrer já no presente para existir, enfim plenamente vivo, como um "si". Em suma, para o eu, a crença é mais atraente do que a fé. Ou ainda, *a crença fabrica ilusão sincera*. Embora a interpretação de Grimaldi me pareça correta, ele sucumbe a uma deplorável confusão ao identificar, pura e simplesmente, crença e fé (mas está desculpado, uma vez que o cristianismo é o autor dessa confusão), ao passo que elas precisam ser distinguidas porque não designam a mesma relação com a decepção. A crença abranda a decepção fabricando um imaginário mais incrível do que o real decepcionante, ao passo que a fé acentua a decepção, a fim de abri-la para aquilo que o desejo decepcionado nem esperava. Ou seja, a crença é produto do imaginário. De fato, para abolir a prova da realidade, quando o que vem não convém, o homem sempre privilegiou esta tática: abolir a realidade da prova. Em certo sentido, remédio radical, mas perfeitamente ilusório! De fato, negar o real nunca o impediu de existir, e querer furtar-se à prova leva necessariamente a viver à sua custa (e à custa dos outros) uma prova mais dolorosa ainda. De resto, Nicolas Grimaldi vê a origem do fanatismo na necessidade que a crença tem de inventar para si um imaginário menos decepcionante do que o real: "Talvez até o homem somente seja capaz de fanatismo porque é capaz de crença e somente seja capaz de crença porque é capaz de sonhar". Não é melhor inflamar-se com a ideia de uma recompensa concedida aos paladinos da religião no além do que viver o cotidiano na perspectiva de ter de renunciar a toda compensação narcísica? Grimaldi, portanto, tem razão ao afirmar: "Tal como o ator suspende voluntariamente a realidade que ele percebe e decide tomar uma ficção por realidade, também não se pode decidir crer sem representar como verdadeiro o que, contudo, se sabe que não o é. Crer, por conseguinte, é como representar, e representar é *delirar voluntariamente*". Ele tem razão, só que, mais uma vez, ele confunde o ato de crer pela fé com o fato de ter crenças. Tomar a crença pela realidade da fé também é representar; portanto, *delirar.* Kierkegaard dizia que a única diferença entre o teatro e a igreja é que no teatro sabe-se que se está representando! (Será por isso que as igrejas empregam "*atores* pastorais"?)

A crença é fé desacreditada

A leitura que defendo aqui é a de que a fé foi desacreditada em proveito da crença. E esse descrédito explica-se pelo fato de a fé no inverossímil parecer menos útil do que a crença e, sobretudo, muito mais decepcionante. Reiterando: um tal descrédito da fé não é resultado de uma maquinação urdida pelos increntes (embora esse descrédito lhes convenha muito!), mas obra dos próprios crentes! É verdade que para os crentes também é bem conveniente a ideia da existência de um Deus (compromete menos do que acreditar na sua palavra) como também é verdade que os ateus ou os increntes acham bastante confortável sua crença na não existência de Deus. Seria dito que a beatice, pelo interesse que ela confere à utilidade da crença para dissolver a decepção provocada pelo Evangelho, acabaria por superar a fé. (Notemos também, de passagem, que o projeto da modernidade filosófica e científica foi também superar a fé, confirmar a loucura da fé...) O que leva a afirmar o seguinte: a infelicidade do cristianismo de pertencimento é a perda do próprio sentido de crer. Ou seja, o cristão parece já não saber muito bem o que entende por crer; porque está encurralado entre um conservadorismo que sabe que ele crê e um progressismo que crê que ele sabe. Eu poderia formular do seguinte modo a tese principal destas reflexões: *o cristianismo ainda não existe porque ele não crê... na fé!*

A fé aprofunda a decepção

Vamos voltar à Ressurreição de Cristo: o que ela significa para a fé? Essencialmente o seguinte: crucificado-elevado, elevado enquanto crucificado, é a figura da *decepção viva* que põe em xeque a necessidade de os seres humanos de darem a si mesmos um messias que lhes poupe da dureza do real. (O messianismo, segundo o nosso ponto de vista humano, nada mais é do que a projeção da nossa vontade de poder.) Para Pedro, indignado por Jesus anunciar sua morte próxima, a resposta é: "Afasta-te de mim, adversário, porque tua visão não é a de Deus, mas a dos homens" (Mc 8,33). Os homens preferem ver o que mantém sua fantasia de onipotência e de imortalidade, ao passo que o ponto de vista do Evangelho lhes propõe perder o eu a fim de ganhar o si: "Quem quiser salvar sua vida a perderá; mas quem perder sua vida por causa de mim e do Evangelho a salvará". Não há melhor maneira de dizer o caráter inverossímil do Evangelho do que lembrando que ele é paradoxalmente um "feliz anúncio" *na medida em que encoraja o ego a se desfazer!* Há no Evangelho como que uma operação de "dessubstancialização" do sujeito, e basta a qualificação dessa operação para traduzir por si só a estranheza radical da linguagem evangélica com relação à exploração moderna da subjetividade, de Descartes a Hegel, que, em certo sentido, permitiu o individualismo narcísico de nossa época (do "menino-rei" até o apropriadamente denominado "perverso narcísico"). Então tem-se uma ideia mais exata da decepção gerada por essa perspectiva: quem deseja verdadeiramente perder a vida? Em certo sentido, a fé começa quando toda esperança mundana se perde. Prefere-se a ela a crença na ressurreição dos mortos em substituição a uma projeção narcísica de imortalidade: a "mim" (eu) também é prometida uma vida além da morte sem que eu precise passar pelo desapossamento de meu "eu". Um eu imortal, eis com o que acena a crença na Ressurreição (aliás, acabou-se esquecendo de que a fé fala da ressurreição da carne, e não da imortalidade do "eu"...). A ideia de messianismo abrange, assim, uma crença nesse eu *que não quer morrer*, mantendo-o na mesma temporalidade que a vida mortal: "Senhor, é agora o tempo em que vais restabelecer a realeza para Israel? Os apóstolos ainda não compreenderam nada do sentido da Ressurreição; eles a desejam como a apoteose e a desforra de seu "herói", cuja palavra, no entanto, eles não compreendem: "Se eu mesmo me glorificasse, minha glória não seria nada". A Ressurreição não é a desforra de Cristo de seus perseguidores (com que direito então Ele poderia nos convidar a amar nossos inimigos e a perdoar os que nos fizeram mal?), mas o sentido *sempre atual* do *perdão dado antecipadamente.* Alguns pretendem entender a Ressurreição como se Jesus tivesse se mostrado "resiliente"... Li num boletim diocesano: "A ressurreição de Jesus assinala a vitória da vida sobre a morte. É mais do que uma esperança [...], é a afirmação de que há em nós uma força de vida que permanece contra tudo e contra todos [...], mesmo que aconteça de ela estar maltratada, ferida, até exangue". Conclua-se: todas essas maneiras de falar desacreditam a fé para tornar nossas adesões mais compatíveis com nossas expectativas humanas e, portanto, menos decepcionantes.

Teríamos esquecido o centro da proclamação cristã? A decepção viva que o evangelho deve incessantemente, oportuna ou inoportunamente, *"re-suscitar"*, reavivar, e que encontra sua expressão mais completa no que Paulo chama "a palavra da cruz", palavra que, para ser verdadeira e significativa, deve ser dita em lugar mesmo da *falência da vontade de poder*. O critério que distingue a linguagem da beatice da *parrésia*? Sua aptidão, ou não, de nos *sustentar* a partir da falha aberta pelo Evangelho. Na realidade, a beatice não quer ouvir falar em falha, é o "cheio" que a fascina (mas que cheio "vazio" do imaginário), ao passo que a fé só fala do lugar da falha (mas que é o vazio "preenchido" do que se dá nela). "Não há nada além da falha que me valha"*, diz gracejando Daniel Sibony, e poderíamos, na verdade, dizê-lo da palavra cristã. Só a falha faz o Evangelho falar, nesse lugar marcado pela cruz, do perdão dado por antecipação e que nada jamais poderá tomar. O cristianismo não existe quando é operação de cobrir essa falha que é sua, ao mesmo tempo de origem e de por-vir. Em contrapartida, ele começa a existir quando retoma a questão da falha e começa por lhe trazer uma resposta decepcionante, *a ponto de sua mensagem mais preciosa, mais inovadora, ser essa própria decepção*. Ou seja, é por ser "escândalo" e "loucura", como lembra Paulo na Primeira Carta aos Coríntios, que o Evangelho é capaz de enfrentar a

---

* Tentou-se na tradução conservar a rima. Em francês, *Il n'y a que la faille qui me vaille,* literalmente "Somente a falha me convém" [N.T.].

decepção que ele gera convidando-nos a passar pelo desapossamento de si. Nesse sentido, a "linguagem da cruz" deve ser entendida como *a decepção da decepção*. A cruz como castigo de um processo atabalhoado e injusto foi, por assim dizer, apenas a escrita de uma palavra que faz entender de maneira diferente o que aconteceu a Jesus de Nazaré: "Quem ama sua vida a perde e quem cessa de apegar-se a ela neste mundo a manterá para a vida eterna". A cruz nos arranca à complacência que todo homem sente pela morte (o que é amar seu próprio "eu" senão deleitar-se com a morte que não cessa de "matá-lo em fogo lento"?) a fim de salvar nele a vida. O Evangelho não nos quer "sobrevivendo", mas vivos. Como uma metáfora, o vocábulo "cruz" tornou-se diferente do que ele designa: o que carrega a morte traz agora a morte da morte e a vida da vida, a viva vida. É preciso pensar, portanto, que é o Crucificado que dá sentido à cruz, e não o inverso; caso contrário, a fé seria um delírio mórbido, um sadismo ou um masoquismo, segundo o ponto de vista que se adote: ou um Pai perverso, ou um Filho suicida. Só a fé faz do termo "cruz" uma metáfora viva.

Que seja preciso perder-se para se ganhar: esta é a proposição que o eu, cioso de seu império, acha tão inverossímil e decepcionante que prefere inverter seu sentido: *in hoc signo vinces*, "por este sinal vencerás", Constantino acredita (quer) ouvir na véspera da Batalha da Ponte Milvius em Roma; ele não compreendeu que a cruz é o sinal da derrota do "eu mim" a fim de libertar o si. Desde então, o cristianismo é incessantemente tentado por sinais do poder, em vez de testemunhar unicamente pelo poder do sinal do amor oferecido e partilhado, de maneira absolutamente incondicional.

O evento Cristo, significado pela cruz, instala a falha na fantasia de onipotência; falha que escava a fatalidade da história para possibilitar outra maneira de viver que possa *subverter* a morte. Mas, uma vez que a falha angustia, é possível ver-se tentado a cobri-la ou assimilá-la. A religiosidade é tentativa de edulcorar o que há de inverossímil e de impossível na palavra evangélica. Aliás, é à *conformidade* que mais aspiram os crentes que pedem à sua religião para serem dispensados de terem de passar pelo *trauma da cruz*: sem o confessar, preferem a miragem do poder e a ilusão da segurança à ideia de terem de passar pela *perda* que, só ela, torna possível a existência do si. Pode-se até observar que, quanto mais essa conformidade à doutrina e à moral é exigida para si mesmo e para os outros, mais forte é a tendência a uma certa forma de esquizofrenia na existência vivida. ("Eles dizem mas não fazem"; o fanático se dispensa facilmente da exigência que quer impor aos outros.) É assim que a Epístola de Tiago fustiga a incoerência desses crentes, que ele chama de "ouvintes que facilmente esquecem", que se acreditam desobrigados de existir pela fé, pelo motivo de terem sido batizados e "irem à missa", como tantas vezes se ouvem pessoas dizerem para ficarem de consciência limpa. Mas a incoerência é consequente: o cristianismo de pertencimento prefere em muito o conformismo da religiosidade ao trauma de que é portador *mau grado seu*.

Vontade de poder ou menosprezo de si?

Já de início, o cristianismo foi submetido à mesma tentação que Jesus de Nazaré foi exposto no começo de sua obra de proclamação do Evangelho: a *tentação do poder*. A provação que foi a sua e continua sendo a nossa: o Reino virá pela vitória final sobre todas as forças do mal ou, ao contrário, virá por um ímpeto de confiança e de vida viva que reduzirá esse demonismo à impotência? Se Jesus escolher a primeira opção, terá de se tornar um messias; se escolher a segunda, terá de passar pela prova da falha narcísica até se tornar um *antimessias*. Toda demonstração de força parece, em si, opor-se à realidade do Reino, cuja metáfora emprestada dos reinos terrestres serve justamente para "purgar" o homem de sua vontade de poder. Somos tolos em acreditar que a vida depende de nosso poder, e é nessa miragem que se perde a maioria de nossas empreitadas. Nos momentos de entusiasmo juvenil, esforçamo-nos como diabos para construir castelos no ar nos momentos de recesso, agarramo-nos à necessidade, pálida e sem interesse, de nossos empregos. O Evangelho serve-se da metáfora do Reino para fazer a decepção se voltar para a própria decepção, mostrando que a vontade de poder *decepciona absolutamente*, ao passo que o amor-dom é o único bem concedido à vida viva (como o amor, a vida é dada para ser partilhada). Por isso, a tentação principal que ameaça nossa vida não é tanto a de fazer o mal, mas a de esquecer de fazer o bem. O Evangelho é "boa-nova" na medida em que só responde ao desejo do homem fazendo esse desejo passar por uma transformação radical, indicando-lhe *o que a fé por si só pode esperar*.

Crer não rima com saber

O Novo Testamento não conhece a linguagem da crença, mas confessa a fé como linguagem. Aliás, quando os evangelhos atribuem a certos personagens a linguagem da crença, é para imediatamente marcar seu limite e mostrar sua impotência. Veja-se como o autor do evangelho de João faz Marta dizer, quando ela vai ter com Jesus depois do falecimento de seu irmão Lázaro: "Senhor, se estivesses aqui, meu irmão não teria morrido. Mas, mesmo agora, eu sei, tudo o que pedires a Deus, Ele te concederá". À primeira vista, Marta usa da linguagem da fé. Aliás, é assim que geralmente se entende. No entanto, agora aparece que ela usa a linguagem da crença, pois está animada pela decepção: "Senhor, se estivesses aqui, meu irmão não teria morrido". No entanto, o que ela acrescenta não é do âmbito da linguagem da fé? Mas teremos atentado para o verbo empregado por Marta? Ela diz: eu *sei*, e não eu *creio*. Só a crença é do domínio do saber na medida em que ela está constantemente na expectativa de prova para não se decepcionar. Ou seja, quando a fé busca provas para sustentar sua confiança, ela já não é fé, mas crença. Assim, Marta quer que Jesus lhe confirme que Ele dispõe junto de Deus de um verdadeiro "poder de influência": "Eu sei, tudo o que pedires a Deus, Ele te concederá". Na realidade, Marta prefere acreditar num "poder": é tão mais fácil do que acreditar sob palavra naquele que não lhe evita a prova da realidade nem a dispensa do *luto*. Em suma, Marta evita a fé. Não quer a "fraqueza de crer". Não quer passar pelo luto porque não quer aprender que não se pode receber o dom sem ao mesmo tempo receber a provação da perda.

Por isso Jesus, em vez de a confirmar em sua crença, responde: "Teu irmão ressuscitará". Em que essa resposta difere da linguagem da crença? Justamente na medida em que é do âmbito da *promessa*, essa *confiança que mantém o que promete*, ao passo que o saber expressado por Marta (deixando por enquanto a questão sobre se a sua certeza é tão segura assim) busca fazer frente à sua decepção substituindo uma crença, *o imaginário que promete o que não pode manter.* Aliás, constata-se que ela se apressa em dar à sua palavra a forma realizada da crença: "Eu sei que ele ressuscitará na ressurreição do último dia". "Eu sei", ela diz. Em vez de confiar na promessa que Cristo lhe faz, Marta diz saber que os mortos ressuscitarão no último dia. No entanto, o que ela *sabe* verdadeiramente da ressurreição dos mortos? Para sabê-lo, ela teria de ser contemporânea do *último dia*, o que seria absurdo. Mencionado um suposto saber, Marta busca ocupar um lugar que é subtraído do saber, pois a crença tem por natureza querer ocupar o duplo lugar da origem e do fim (que, por definição, escapam a todo saber). Afirmando assim sua crença, Marta busca de fato se apoiar numa experiência que é irredutível à experiência que ela pode ter e, portanto, saber. Ela não sabe o que diz; ou seja, ela expressa uma crença do âmbito do incrível, uma vez que o registro da fé é a inverossimilhança. A fé curto-circuita o saber sem, no entanto, ser absurda. A tarefa da fé, explica ainda Kierkegaard, é descobrir a cada instante o inverossímil. É nesse sentido que ela é ativa: incessantemente se exerce em manter o inverossímil "a fim de poder crer". O incrível, no sentido em que o compreendo, é negação do real por um imaginário em que todas as tensões devidas à existência seriam suspensas, como que por magia. Não creio nele mais do que em elfos ou lobisomens. Nesse momento, Marta está no que Nicolas Grimaldi chama "paradoxo da crença" (mas é preciso lembrar que esse paradoxo só parece delírio para quem identifica confusamente fé e crença): "*Finge-se saber o que se ignora fingindo ignorar o que se sabe"*. Nesse sentido, Marta finge saber o que todo mundo ignora; ou seja, que os mortos ressuscitam, fingindo saber o que todo mundo sabe: quando se morre está *definitivamente* acabado.

A fé não é nada sem confiança

Então, Jesus diz a Marta: "Eu sou a ressurreição e a vida. Quem crê em mim, mesmo que morra, viverá; quem vive e crê em mim não morrerá pela eternidade. Crês nisto?" Em que essa linguagem difere da linguagem da crença que Marta acaba de proferir? Em primeiro lugar, Jesus fala na primeira pessoa: identifica-se menos com uma linguagem do que com uma palavra, e mesmo com a própria natureza da palavra, que é a de dizer que o homem é irredutível à natureza e ao destino e, portanto, *destinado a existir pela eternidade* (ou seja, para sempre). Mas não haverá, na palavra de Cristo, uma pretensão "monstruosa" e verdadeiramente narcísica? Dizer de si mesmo "sou a ressurreição e a vida" só pode ser verdade na ordem da palavra e da relação que ela cria, e não da conformidade da linguagem à coisa (seria não só uma pretensão absoluta, mas também um absurdo identificar-se com a totalidade da vida). Ora, a palavra falante é sempre *metafórica*: ela tem a função de *transportar* aquele a quem se dirige, a fim de que ele possa ouvir uma possibilidade que nem suspeitava. A palavra de Cristo abre para a fé, uma vez que faz ouvir a possibilidade para o homem de existir unicamente pela graça da confiança. Quando Marta diz saber que há uma ressurreição dos mortos, não só ela se apoia numa opinião (que os crentes consideram um saber), numa linguagem que nada mais é do que uma crença pronta disponível, mas ainda assim ela recusa a natureza fiduciária da palavra para preferir a segurança de uma crença da qual, no entanto, nada sabe. Convidando Marta a crer nele, Jesus não junta nenhuma prova ao que promete. A única coisa que pode assumir é a autoridade que o credita e que lhe confere ser, segundo os termos do Apocalipse, "a Testemunha fiel e verídica". Ou seja, Marta só pode confiar em Jesus reconhecendo que Ele não poderia comprometer a fé se não fosse *fiável*. Aliás, é a condição comum do que experimentamos ao confiar no outro. Então, e só então, nessa relação que a palavra faz nascer, a confiança é sempre experiência de ressurreição e vida. Michel Certeau o diz muito bem: "A fé supõe uma confiança que não tem a garantia do que a fundamenta: o outro. Essa sedução não detém seu *objeto* porque é justamente um *sujeito* outro". Toda palavra apela por si à confiança, pois só se pode crer sob palavra. No relato da caminhada sobre as águas, Pedro tenta Jesus: "Senhor, se és mesmo Tu..." Pedro é "pequeno crente", pois não crê na única palavra digna de confiança que lhe é dirigida: "Confiai, sou eu, não tenhais medo!" A tal ponto que se deve compreender que essa palavra expressa a própria quintessência do princípio de *fiduciaridade* que fundamenta toda palavra verdadeira. Pedro tinha razões para confiar em Jesus? Não. No entanto, era absurdo confiar naquele que lhe falava assim? Também não. Se parece impossível confiar (nunca se recebe a prova definitiva de que a confiança nunca será renegada ou traída), é igualmente impossível viver sem confiança oferecida e dada. Há aí um paradoxo que indica, por si só, que a confiança não é uma potencialidade natural do ser humano, mas um dom oferecido unicamente pela graça da palavra que chama e que promete.

A linguagem da crença acusa

Maria compartilha a decepção de sua irmã Marta: "Senhor, se estivesses aqui, meu irmão não teria morrido". Uma fé decepcionada é uma crença que acusa. Maria está bloqueada na lógica da causalidade e do verossímil: "Se estivesses aqui..." Também ela esperava que Jesus impedisse o real de advir. Cristo teria vindo para barrar o caminho das provações ou para nos revelar a "chegada da fé" (como diz Paulo aos gálatas) que permite transpô-las? A crença quer um real que seja diferente; a fé nos faz viver nele, *diferentemente*. Mas o crente deseja de fato existir diferentemente? No mais das vezes, ele preferiria mudar de real (a ponto de ter feito da fé uma "aposta" na possibilidade de uma vida após a morte, ao passo que a fé fala da possibilidade de uma vida *antes* da morte...). Mas o real é *obstinado*. Então, o crente decepcionado acusa a vida, Deus, os outros, ou acusa a si mesmo. É tentado a voltar sua violência contra o que vem mas não lhe convém. Essa é a razão profunda pela qual o fanatismo não é tanto uma loucura como o extremismo possibilitado pela lógica da própria crença. No fundo, dizer que as religiões não têm nada em comum com a violência não responde à questão do parentesco sutil entre decepção, crença e acusação (no fundo, a crença não tem muita segurança de si mesma, daí sua permeabilidade à dúvida). Se a crença tenta estancar a decepção que sente agitar-se nela, também pode ser tentada a impedir, por todos os meios, os outros (o mundo, a sociedade, as outras religiões, o ateísmo, a licença dos costumes etc.) de fragilizarem o que ela sabe ser vulnerável. De modo que se deve pensar que um cristianismo sem fé é um cristianismo que, pela mesma razão que as outras religiões, é potencialmente acusador. (Talvez seja útil lembrar aqui que, no Apocalipse, quem é designado como "o acusador" é exatamente "satã", cujo nome significa "o adversário"...) Como as crenças são úteis apenas para se proteger, individual e coletivamente, da ameaça da decepção, às vezes elas são tentadas a atacar, uma vez que não há melhor defesa do que o ataque.

A linguagem da crença faz crer

"Crês nisso?", Jesus pergunta a Marta. A fé, em sua própria natureza, é interrogação, pergunta dirigida a alguém que pode responder livremente. O questionamento faz parte do ato de crer, é até o essencial desse ato. Jesus não interroga Marta como em outros tempos o catecismo ensinava às crianças. Jesus dirige-se a uma pessoa para convidá-la *a responder quanto a si mesma* (a responder sobre o que lhe diz respeito), ao passo que o catecismo verifica se uma crença foi de fato assimilada, seja quem for a pessoa a quem é ensinado. Ao catecismo só a resposta importa, pois seu objetivo é o de *fazer crer*. Como outras religiões (e devem ser incluídas as religiões "profanas", como o comunismo), o cristianismo foi tentado a se impor, a considerar suas opiniões mais verdadeiras do que as dos outros, a pretender ao universal fazendo imperialismo. Em contrapartida, a fé como linguagem convida à liberdade: "E tu, crês isso?" A que remete esse "isso"? Em primeiro lugar, ao que Jesus acaba de dizer ("eu sou a Ressurreição e a Vida"), mas os termos da fé são metáforas. Ou seja, "ressurreição" e "vida", por exemplo, têm por vocação indicar *possíveis*, e não informar *fatos*. É abrindo para a confiança, e não para o saber, que esses termos adquirem valor de acontecimento possível para quem os ouve. Como eu disse: é a confiança que permite a experiência singular da ressurreição e da vida viva (tente-se, portanto, justificar uma vida viva que seja vivida unicamente numa desconfiança generalizada...).

Mas é verdade que a crença é contrariada pela natureza metafórica da palavra, pois ela angustia à ideia de que o termo não dá de imediato a realidade e o sentido. Daí a crença ter medo da palavra: ela prefere termos imutáveis, intemporais, sagrados. No limite, prefere uma língua morta (latim de igreja ou árabe corânico) à palavra viva. Quando Jesus pergunta a Marta: "Crês isso?", Ele remete menos ao que disse do que ao que autoriza a palavra que Ele disse: a entrada na vida pela confiança. Em contrapartida, a crença é obcecada pela segurança que parecem oferecer os termos sempre prontos ao emprego para definir o sentido que falta ou para exorcizar a falta de sentido. Agindo assim, a crença finge esquecer que a segurança definitiva nos será dada pela morte. Então será tarde demais para viver. Toda palavra seria *pascal*? Sim, pode-se dizê-lo do seguinte modo: ela faz passar da escravidão do termo à liberdade da palavra, da alienação da crença à libertação na fé. Não é a saída do Egito, para os hebreus, o momento em que eles finalmente têm acesso a uma existência livre da necessidade, deixando então o império em que se idolatrava a magia, que é palavra desviada, fabricante de ilusão e servidão?

A linguagem da crença é cálculo

À pergunta que Jesus lhe faz: "Crês isso?", Marta responde: "Sim, Senhor, creio: Tu és o Cristo, o Filho de Deus, aquele que vem ao mundo". Ela compreendeu agora? Acaso Marta não confessa então o centro da fé cristã? No entanto, e apesar do que é dito, a linguagem de Marta ainda é do registro da crença. Por quê? Porque ela o diz. Saberá ela o que os títulos que atribui tão generosamente a Jesus significam de fato para a fé? Na realidade, falando assim, ela diz sobretudo que *crê em sua crença*. A beatice começa quando o crente se crê, ele mesmo, crente. Fundamentalmente, a crença é cálculo: ela aposta em si mesma para obter benefício. Vê-se tentada então a exagerar; por essa razão não teme o incrível mas, antes, serve-se dele. Veja-se o Apóstolo Pedro no evangelho de Mateus: confessa Jesus como Cristo acumulando todos os títulos que sua crença lhe oferece, mas é para contestá-lo imediatamente que esse Cristo não pretende seguir o caminho do poder. Acaso ele dizia algo falso confessando que Jesus de Nazaré é Filho de Deus? Sim e não: não se a fé resulta daquele que quis ser Messias crucificado a fim de imobilizar definitivamente a fantasia de onipotência que leva ao nada e nos revelar, assim, o verdadeiro sentido da vida: a *filialidade*; sim, se essa fé é desacreditada em proveito de uma crença que obtém vantagem na confissão de um Messias vitorioso, Cristo-Rei ou Pantocrator, para tirar mais proveito de sua glória. O mesmo vale para Marta e para nós: só pode confessar o *Filho* aquele (ou aquela) que reconhece que sua existência lhe é oferecida para que viva como um *filho*; em contrapartida, professar a divindade de Cristo pode ser uma maneira de encontrar benefício em sua crença inventando para si um deus que se espera que nos seja útil. Embora o francês só tenha um verbo para dizer "crer" de crença e "crer" de fé[*], esses dois atos não são equivalentes nem intercambiáveis: no primeiro caso, crer significa emitir um saber que se finge ignorar o que significa (o que se quer dizer ao afirmar a respeito de um homem que ele é "filho de Deus"?); no segundo caso, crer é um não saber que se remete à promessa de um outro para existir como filho. Pode-se dizê-lo também da seguinte maneira: a crença é objeto de uma *declaração* (por isso ela é fundamentalmente movida pela necessidade de se fazer pública), ao passo que a fé é o lugar de uma *operação* (fiar-se em).

A crença é útil

A crença adere apenas ao útil, mesmo que ninguém mais a julgue útil. Quando nos perguntamos por que tantos pais continuam a solicitar que os filhos sejam batizados, continuamos ouvindo a resposta: algum dia poderia lhes ser útil. É falta de lucidez julgar que os ritos estejam ultrapassados; se persistem mais do que a crença, seja nas religiões ou fora

---

[*] Em francês o verbo é *croire*. O mesmo vale para o português "crer" [N.T.].

delas, é porque são acossados pela necessidade de magia: que o real já não seja real, mas algo mais sedutor. A essência da magia é copiar o ato criador; ela nada mais é do que divertimento, ilusionismo. *Hocus pocus* é a fórmula secreta da crença (e sabe-se que *hocus pocus* é o que se acabou por ouvir do *Hoc est corpus meum* pronunciado baixinho pelo padre por ocasião da consagração...): por ela a expressão transforma a coisa para mudar *de* mundo (mas em vão), ao passo que a fé transforma a expressão para mudar *o* mundo (e isso acontece). A crença tem necessidade do rito: a prova é que ela multiplica seus utensílios e suas solenidades, acreditando, assim, mudar de mundo sacralizando-o. (A crença é mentirosa: finge salvar o mundo, mas é para se salvar do mundo que ela existe. Portanto, ainda tem uns bons dias diante de si...)

É significativo que o evangelho de Marcos não confira às palavras de Jesus dividindo o pão e a taça de vinho um imperativo de reiteração; aliás, o único gesto que o próprio Cristo diz que será lembrado "por toda parte em que será proclamado o Evangelho no mundo inteiro" é o da mulher que quebrou um perfume muito caro sobre sua cabeça. Além de esse gesto não poder ser reiterado por ter sido feito cabalmente, é preciso ver que foi feito, como eu já disse, como *pura perda*. Pelo menos esse é o ponto de vista dos que se indignam com ele. Mas sem ver que a perda do frasco de alabastro foi a sorte do perfume, que por causa dela escapa e nada detém sua difusão. O evangelho de João, por sua vez, aponta para um outro gesto que, este, é para ser repetido: o lava-pés. "Uma vez que vos lavei os pés, eu, Senhor e Mestre, deveis também vós lavar os pés uns dos outros; pois é um exemplo que vos dei: o que fiz por vós, fazei-o também." Mais valeria não esquecer o alcance desse "exemplo" do que fazer dele um ritual mimético. Mesmo a tradução de *upodeigma*, por "exemplo", pode ser enganosa: a lavagem dos pés não é para ser imitada ou copiada (na Quinta-feira Santa), mas para ser "inventada". Esse gesto convoca a uma *retomada*, e não a uma *repetição*. Se a retomada dos sinais do amor passa pelo *desapego* do "eu", a repetição, por sua vez, não altera o "eu", mas o perpetua inalterado e seguro de si. Uma repetição só faz reproduzir, ao passo que uma retomada renova. Pois, se há um sacramento, é esse, aliás, o único que não está na lista adotada pela Igreja. O próprio termo sacramento não é estranho ao desvio que pretendeu manter a fé como crença: onde João fala simplesmente em *upodeigma*, modelo, muito cedo veio-se a falar em "mistério" (*misterion*), o que já era um empobrecimento, sendo que o mistério é com frequência o tapa-miséria da pobreza da fé, antes que Tertuliano o traduzisse por *sacramentum*, cujo sentido latino remete inicialmente ao juramento da fé jurada. Em contrapartida, "o exemplo" dado por Cristo aponta para a manifestação do amor-dom: "Por isso, todos vos reconhecerão como meus discípulos: pelo amor que tereis uns pelos outros". O amor não se reproduz, ele se inventa em gestos sempre novos. Pergunto: o amor de "uns pelos outros", que o Evangelho apresenta como sinal original de reconhecimento, já se tornara coisa comum para que tão logo fosse substituído pelo exotismo das religiões de mistérios?

Há aqui algo estranho: alguns crentes parecem rejeitar os sinais elementares da fé para adorar mais intensamente as sutilezas da transubstanciação – que, no entanto, eles nunca chegarão a compreender, a não ser que dominem os arcanos da filosofia aristotélica. "Dai-nos coisas difíceis que ainda não compreendemos", no dizer que Kierkegaard, não sem ironia, atribui aos espíritos semicultivados; essa palavra de ordem poderia ser a da crença: deem-me alguma hipóstase, alguma comunicação dos idiomas, alguma circunsessão que eu ainda não tenha compreendido. É verdade que essas sutilezas não incitam a nada, ao passo que a divisão do pão anuncia um "milagre" completamente diferente: tornar-se o corpo de Cristo.

A fé crida

Lemos o relato da "reanimação" de Lázaro no evangelho de João porque ele é sintomático do destino da fé e da crença, que é seu duplo invertido. Quando Jesus convida *à fé nele*, Marta responde pela *crença no que ela crê saber*. Se a fé só se assegura pelo outro, a crença só se assegura por si mesma. Outra passagem dos evangelhos mostra que fé não é sinônimo de crença. Trata-se do episódio da chegada imprevista de um homem paralítico que desce através do telhado de uma casa em que Jesus se encontrava porque era impossível fazê--lo passar pela porta em razão da multidão que ocupava o lugar. O evangelho de Marcos escreve: "*vendo sua fé,* Jesus disse ao paralítico: 'Filho, teus pecados estão perdoados'" (Mc 2,5). Jesus vê a fé onde se fez uma brecha para descer um doente. No entanto, nem os que o carregavam nem o paralítico expressaram a menor *crença determinável.* Uma série de ações que, à primeira vista, pareceriam comuns ou rotineiras são vistas por Jesus como fé *em ato*. Mas, uma vez que o gesto de desmanchar o telhado de uma casa para dar passagem a um doente é desmesurado em audácia e engenhosidade, não convém reportá-lo à fé, mais do que as recitações indiferentes do Credo por ocasião da missa? Diante do impossível, eles desempenharam o possível. Foram corajosos e engenhosos, nada mais do que isso. Mas não se resignaram diante da impossibilidade. Fazendo os gestos da esperança, transformaram o telhado em passagem. Aliás, Marcos emprega aqui o substantivo *pistis* de maneira absoluta, sem complementos (crer *em* ou crer *que)* para depreender, por assim dizer, seu núcleo duro: a fé é antes de tudo fé *crida*. Essa fé elementar tem duas qualidades: a primeira é uma forma de esperança confiante, ou seja, de capacidade para encontrar as brechas possíveis (na qual se vê que a fé é o contrário da resignação); a segunda é uma certa forma de audácia para ousar produzir uma abertura no telhado de uma casa que não é a deles (por onde se vê que a fé não é covarde nem indolente).

Da fé à crença

Acabamos de ver que a história do cristianismo é também a história de um descrédito da fé, porque à fé ele preferiu a crença, julgada mais compatível com nossas projeções narcísicas de onipotência e de imortalidade. Observamos esse descrédito já nos textos do Novo Testamento, o que significa que a subversão da fé transformando-a em crença é anterior ao cristianismo tornado religião oficial (portanto, bem anterior a Constantino).

Seria necessário um livro todo para contar o descrédito da fé em proveito da crença e identificar suas múltiplas formas. Aqui me limitarei a mostrar como o descrédito da fé apareceu na própria linguagem a ponto de nos fazer esquecer o significado do termo. "Fé" (e seu verbo "crer") traduz o hebraico *emounah* (que deu nosso "amém"), significando que depositamos nossa confiança justamente onde não há prova. Passado para o grego como *pistis* (é a forma que se encontra no Novo Testamento), o termo conserva seu sentido inicial de confiar em alguma coisa ou, sobretudo, em alguém. Daí, o termo foi traduzido para o latim por *fides*, do verbo *confidere*, que significa, também aqui, "confiar", "fiar-se em". Infelizmente, chegou-se (grosso modo a partir de Tertuliano, primeiro pensador cristão a escrever em latim) a traduzir a *pistis* grega pelo latim *opinio* (e o verbo utilizado deixou de ser *confidere* e passou a ser *credere*); isso fez a fé passar da confiança para a opinião ou a conjectura; ou seja, ao registro do *saber fraco*. O vocabulário testemunha também a passagem da fé como verdade de uma experiência que só a confiança torna possível para a crença como opinião mais ou menos certa que busca assegurar-se com provas para melhor se dispensar de passar pela prova da confiança. Kierkegaard, por sua vez, incrimina Santo Agostinho: "Santo Agostinho confundiu o conceito da 'fé'. Simplesmente ressuscitou a definição de fé de Platão e Aristóteles, toda a definição greco-pagã de fé [...]. Para os gregos, a fé é um conceito que pertence à esfera da intelectualidade. Assim, a fé se reporta ao *verossímil*..." É esse segundo sentido que acabou se impondo: a fé se tornou uma opinião teórica mais ou menos convicta, que se recita com mais ou menos restrições mentais, dizendo o Credo no domingo, na missa.

Foi assim que a linguagem acabou por desacreditar a fé, fazendo-a passar do *verum* (a verdade verificada na vida) para o *certum* (a busca da certeza). Quando digo: "Creio que amanhã fará bom tempo", estou expressando um saber fraco (ao lado do saber mais "forte" do meteorologista) que se baseia em algumas probabilidades ou verossimilhanças. Haverá quem diga: mas o fato de crer no boletim meteorológico que anuncia chuva para o dia seguinte não é também do âmbito da confiança? Por que então opor a crença à confiança? Mas se a meteorologia me anunciasse um tempo que não me parecesse verossímil (como anunciar que vai nevar em plena canícula), como eu poderia crer nela? Portanto, eu creio (apesar de poder *saber* que tempo fará) em razão de uma rede de verossimilhanças de que não tenho razões válidas para duvidar. De fato, dou à crença um indício verossímil que lhe garante um mínimo de provas, ao passo que a fé tem sua mola no inverossímil. Assim, se eu digo: "Creio que Pedro saiu porque vi que seu casaco não estava no cabideiro", o saber fraco que estou expressando – e que equivale a uma crença, uma vez que não sei com certeza categórica que Pedro saiu – é legitimado por um indício verossímil: a ausência do casaco de Pedro no cabideiro. Agora, se digo: "Creio que Pedro saiu porque Júlia me disse", já não estou expressando um saber fraco, mas uma *confiança*. De fato, a "razão" de crer no que Júlia me disse não tem outra razão a não ser o fato de crer em Júlia. Diremos que a crença precisa de uma *razão exterior a ela mesma*, ao passo que a fé não tem outra razão a não ser ela mesma. Crer em alguém é, portanto, confiar nele quanto à verdade que ele diz.

Acabamos de ver que a crença tem necessidade de uma razão exterior a ela mesma. É essa a fraqueza contra a qual ela busca se prevenir incessantemente. Pois qual é o inimigo da crença? Já o dissemos: trata-se da decepção que faz nascer a *dúvida*. Fragilizada pela dúvida, a crença pôs-se a buscar razões para crer sem perceber que a razão acabaria por vencê-la. Batida em seu próprio terreno pelo bastão que deu a si mesma, a crença ficou "louca" ("guerras religiosas", julgamento de "bruxas" etc.), a ponto de parecer totalmente *irrazoável* aos olhos de uma razão moderna que aos poucos se emancipa da crença a ponto de chegar a uma ruptura. A Modernidade nasceu desse divórcio, cujas consequências continuamos sofrendo: por um lado, a crença se confunde com a beatice, já não alimenta senão as necessidades religiosas dos indivíduos ou serve como caução à ordem moral; por outro, a razão, orgulhosa de sua legitimidade e de seu poder, submete a natureza e a história ao domínio do homem. Mais ainda: a razão tornou-se o motor de um *saber forte*, bem mais poderoso e eficaz (a ciência, "tudo bem") e sobretudo mais pacífico do que as crenças religiosas, que só servem para opor os homens uns aos outros em vãs querelas de vocábulos ou de ritos. Assim, aos olhos dos espíritos racionais, a crença tornou-se cada vez mais... *incrível*. A ponto de tornar possível o ateísmo (nesse sentido, o ateísmo é produto de um cristianismo sem fé). De fato, sem confiança, a crença tenta se assegurar do mais certo até o momento em que, pelos ataques da razão ou pelos golpes do destino, o mais certo se torna cada vez menos certo e cada vez mais estranho. Restará ao crente (que se tornou um incrente que se ignora) ou conservar as crenças mas sem as investir, ou abandoná-las. A reação das Igrejas cristãs, sobretudo da Igreja Católica, não estiveram à altura do desafio suscitado pela Modernidade, e ainda hoje pagam o alto preço disso: em vez de tornar novamente pensável o impensável do Evangelho e a fé que ele suscita, as Igrejas acreditaram que deviam reforçar a certeza da crença atuando em dois registros ao mesmo tempo: por um lado, recorrendo à *necessidade natural de crer* (entenda-se: à necessidade natural que o homem tem de *crer crenças* para assegurá-lo); por outro lado, quando esse primeiro registro não é suficiente, *fazer crer*. Esta última manobra, de longe a mais eficaz, pelo menos durante um tempo, encontrou sua expressão mais forte no dogma da infalibilidade pontifical: quando a crença procura uma razão exterior para crer, que "melhor" razão do que a de dizer: "É preciso crer". Todos os pais sabem disso...

Necessidade de crer ou desejo de crer?

Certamente neste início do século XXI a necessidade natural de crer não desapareceu, para desespero dos que continuam a crer que a razão e o progresso deveriam ter vencido a necessidade de crer. Enganaram-se redondamente (os espíritos racionais compartilham muitas crenças, a começar pela que os faz crer que a razão conseguirá "explicar" o enigma da existência humana...). Infelizmente, ainda hoje pagamos o alto preço por não termos sabido *transformar essa necessidade de crer em desejo de crer.* Além disso, teria sido preciso crer na fé. Deixamos a necessidade de crer avançar para o estado selvagem em que ela lança mão de todos os recursos, inclusive do incrível, como vemos atualmente com a teoria do complô ou as *fake news.* Ou então, o discurso cristão ainda tenta aparecer como "a racionalização do estranho" (Bellet), mas é preciso convir que essa estratégia, cuja nobre ambição, no entanto, é formar na "inteligência da fé", parece fracassar porque não se deixa de compreender a fé nos termos da crença. Mesmo o caráter incrível da crença parece hoje perfeitamente inofensivo. Deve-se até acrescentar que inúmeras pessoas, quando procuram um excesso de incrível, ou seja, o "maravilhoso" (aparições, milagres de todos os tipos etc.), preferem o incrível às crenças cristãs que se tentou tornar mais ou menos "razoáveis" para não as fazer parecer absurdas. No limite, a crença não se constrange com o excesso: quanto mais "incrível", mais divertido! Em todo caso, muito mais tranquilizador do que a complexidade do mundo do qual não se compreende mais nada. É assim que a crença leva necessariamente ou à incredulidade (uma crença sem provas está em perigo), ou à credulidade (o mínimo de verossimilhança, a começar pela utilidade verossímil que se pode extrair do incrível). Mas um cristianismo dividido entre incredulidade e credulidade não teria nada em comum com o Evangelho. Pois este é fiável unicamente por ser promessa de vida boa (tal promessa só se sustenta por ser feita por aquele que é o "Vivo" e verificada pela maneira como ela muda a vida); ele não é esse catecismo de crenças umas mais incríveis do que as outras. "Confiai no Evangelho": essa é a palavra inaugural de Cristo no evangelho de Marcos.

A crença no "incrível" é inverificável: certamente pode-se crer nele e até encontrar nisso um certo conforto. Em contrapartida, a fé no "inverossímil" é verificável: ela faz existir, ela muda a relação consigo mesmo, com os outros, com a vida.

A crença descrente

Decididamente, é preciso penetrar a crença (e, portanto, a beatice) até sua mais secreta verdade: *em sua substância, a crença é descrente.* Isso significa que a crença não se alimenta da fé, não busca nela seu motor, simplesmente não vive dela. O fundo de comércio da crença é o *incrível*, mas também é seu principal adversário; a fé é dinamizada pelo *inverossímil* que, ao mesmo tempo, é também sua fraqueza. A crença busca menos ser verdadeira do que ser crida, ao passo que a fé busca menos ser crida do que ser verdadeira. Os homens deixam de crer (de crença) quando se cansam do incrível, quando o dogma lhes é indiferente. No entanto, a crença tem a vida dura, sua narrativa fantástica tem o incrível poder de fazer crer. A descrença da crença é, como eu disse, sua *autorreferencialidade.* Crer-se crente, contrariando o uso do verbo crer, não é um ato de confiança, mas um saber, saber-se crente. Isso também significa que somos todos, quer nos reconheçamos crentes ou increntes, *secretamente descrentes.* Dizendo de outro modo e, admito, de maneira um pouco brutal: um cristianismo sem fé é um cristianismo descrente mais do que incrente, pois, como bem observou Lacan, "só um incrente pode dizer: eu creio". A fé, portanto, não é o bem próprio dos crentes. Também não é a parte faltante dos increntes; na verdade, ela é a falta instalada em cada ser humano, o que o crente mais tem dificuldade para crer, não é a fé que o incrente compartilha com ele... Aliás, encontramos no evangelho de Marcos a própria fórmula do ato de fé quando o pai, que pede a Jesus que venha em ajuda de sua fé, exclama: "Eu creio, vem em ajuda de minha não fé" (literalmente, Marcos fala de não fé, *apistia*, e não, como na maioria das traduções, que edulcoram, em "pouca fé"). Na verdade, a fé convoca a vinda da fé porque está sempre em falta de si mesma. Nesse sentido, é possível dizer que a fé é a falta aberta ao que se dá nela, ao passo que a não fé é a falta que falta. O mesmo vale para a palavra: torna-se falante quando nasce do silêncio, do afastamento e da distância; ela se perverte em falação quando se contenta com palavras. "O ser falante é um ser crente", diz a psicanalista Julia Kristeva. A meu ver, portanto, o problema atual da transmissão da fé está menos ligado à própria transmissão (aliás, todas as transmissões estão hoje em pane) do que à confusão que impede os cristãos de enxergarem que a única coisa que têm a transmitir é, dizendo propriamente, *intransmissível*: a fé. Eles se empenham então em transmitir crenças (sobretudo às crianças, pois um cristianismo sem fé procura antes de tudo falar às crianças e aos jovens...) sem perceber que essa transmissão não deixará nenhuma lembrança doutrinal para os adultos que as crianças se tornarão, seja porque o caráter "incrível" das crenças religiosas que lhes terão sido "vendidas" (Jesus caminhando sobre a água; ressuscitando Lázaro) terá dado lugar ao mais completo ceticismo e, *in fine*, à mais total insignificância;

seja porque preferirão o incrível bem mais *fun* que inunda as redes sociais.

A dimensão escatológica da fé

Esquecer a dinâmica interna que funciona no apelo a crer e limitar-se a debitar crenças, é esse o "pecado" do clichê eclesiástico. Ele entende as operações em que consistem os verbos crer, esperar e amar como realidades prontas, que os crentes "possuiriam" como bem próprio. Sabe-se a propósito que o clichê eclesiástico é, em todos os sentidos, *verborrágico*: não só é prolixo e fala para nada dizer de significativo, como tende a substantivar os verbos, como na sua expressão mais "bem-sucedida": *"faire Église"* [fazer Igreja]. Além de não soar muito bem, a fórmula é falsa ou, antes, ela falseia a compreensão da Igreja: esta não é para ser feita, mas para ser recebida, uma vez que é a convocação de todos pela palavra do Evangelho. Suspeito novamente que a expressão "fazer Igreja" também aposte na capacidade do homem para fazer alguma coisa, como se a Igreja fosse sua "coisa", seu produto, e não a vanguarda do Reino. De fato, a linguagem do clichê eclesiástico não instala a alteridade no centro de sua fala; no sentido mais "técnico" da palavra teológica deve-se dizer que o clichê eclesiástico não é adequado à dimensão essencialmente *escatológica* do cristianismo. Admito que o termo não é muito feliz e acarreta mais escuridão do que luz. Mas o que ele significa é da maior importância, não apenas para o cristianismo como também para a existência de cada um. A escatologia significa o que, da parte de Deus, transcende toda finitude humana e daí, portanto, chama-me a existir. Vamos compreendê-lo melhor quando refletirmos sobre a dinâmica de existência; basta-nos por enquanto compreender que é do por-vir que Deus vem a nós, na medida em que Ele é Palavra que chama e que promete, que somos puxados para fora de nós, arrastados pela esperança de enfim viver. O cristianismo é essa mensagem: *para ti abre-se um futuro que difere de teu passado; teu futuro é tua existência por vir.* O futuro não é o por-vir, mas o futuro do passado: ele só faz reproduzir, em circunstâncias que podem mudar, os mesmos dados do mundo. A despeito até das similitudes que se podem observar entre os messianismos políticos e a escatologia cristã, esta nada tem a ver com aqueles. Agora será possível compreender melhor por que uma frase como a que já dei como exemplo de clichê eclesiástico não é sustentada pela natureza essencialmente escatológica da palavra cristã: "Construir um mundo melhor *é* fazer vir o Reino". Não se faz o Reino vir, *deseja-se* sua vinda, é completamente diferente (o "Pai-nosso" nos faz desejá-lo da melhor maneira: "que venha a nós o teu Reino"). Um cristianismo que perde a consciência do Reino como coisa desejada, para a qual tende sua esperança e seu júbilo, é um cristianismo que não existe como proclamação do Evangelho.

Fé no impossível

Até aqui vimos como o cristianismo tentou normalizar o caráter inverossímil da fé a ponto de desacreditá-la como crença. Precisamos agora abordar a segunda parte: aquela em que o cristianismo, não contente em passar para o registro da crença, protegeu-se do caráter impossível da palavra evangélica. Mas é necessário compreender em que sentido o Evangelho pode ser considerado impossível. No sentido corrente, é impossível o que se opõe ao que é potencial. O potencial designa tudo o que pode acontecer no mundo, como o fato de nevar quando são preenchidas determinadas condições climáticas. Será declarado impossível, portanto, o que não pode acontecer sob nenhuma condição. Assim, será considerado impossível encontrar um unicórnio. Mas, se os fatos podem ou não acontecer, o mesmo não se pode dizer dos eventos. Pois um evento não designa um fato, seja ele potencial ou não, mas o advento do possível que não pude prever, que não posso controlar, que nem sequer posso conhecer em toda a extensão de seu significado, que, portanto, mantém-se inapreensível. Em suma, o impossível pretende significar o *mais que possível*; em outros termos, deve-se dizer que o impossível é um negativo positivo: *ele designa o evento que o homem não pode produzir por meio de suas próprias forças, sendo, no entanto, o evento de onde tudo lhe vem* (o evento Cristo ou o Reino). É o impossível que nos puxa para fora do que somos. Compreende-se agora que o impossível não designa alguma irrealidade ou condenação a uma vida impossível, mas um duplo limite que nos torna o Evangelho *impossível*: o primeiro – sem que se trate aqui de uma prioridade cronológica – é o reconhecimento de que o homem ignora não apenas que Deus é dom de um lado ao outro, mas também de que ele não sabe reagir de maneira correta diante de um ato gratuito; o segundo é que o impossível é um inesperado que só pode surpreender os que esperam. Conforme expressou de maneira magnífica Denis Vasse: "o impossível constitui o homem em desejo".

O discurso dos "valores cristãos"

Um discurso que parece diferente da linguagem da beatice; no entanto, ele é apenas uma variante dela, muito apreciada há algum tempo: o discurso dos *valores* ditos "cristãos". Evdokimov, mais uma vez, acrescentava: "A burguesia cristã fez do Evangelho o prolongamento das melhores aspirações da humanidade para o melhor dos mundos possíveis, o Reino de Deus". Tal diagnóstico é embaraçoso por várias razões: de início, ele sublinha que o desvio do cristianismo é questão dos próprios cristãos, e não de seus adversários, supostos ou declarados; mas acrescenta que esse desvio não deve ser atribuído a comportamentos contrários ao Evangelho, e sim ao aburguesamento do cristianismo em nome de valores considerados excelentes. Em que sentido se deve entender a "burguesia cristã"? Não se deve restringi-la ao sentido comum de uma classe social abastada, de notáveis bem-nascidos, mas tomá-la no sentido mais amplo de pessoas que vivem de persuadir os outros de seu valor. Portanto, não é preciso se beneficiar de um patrimônio abundante para assim ser "burguês", mas simplesmente tentar obter a aprovação dos outros. Cristo "nada tem a ver com a figura burguesa do compartilhamento de valores comuns, da troca que fundamenta a circulação de bens (aparentemente universal sob a promoção de convenções das mais ocidentais)", afirma o filósofo Jean-Clet Martin. A vocação do cristianismo não é "angelizar" os valores que os homens já consideram excelentes, mas *evangelizar de acordo com uma nova escala de avaliação*. Também não é a de trazer novos valores, mesmo que sejam os seus, mas avaliar todos eles pelo padrão de medida do Reino.

Mas por que chegamos ao discurso dominante que chama desse modo os "valores cristãos"? Ainda aqui foi em razão da decepção provocada pela falsa ideia de que o Evangelho é um *ideal moral* impossível de praticar. Vejam-se as exigências exorbitantes do Sermão da Montanha: acaso elas não remetem a uma utopia inacessível e irrealizável ou, pior ainda, culpabilizante por exigir de nós o que está fora do nosso alcance? Ora, o Evangelho é o oposto, pois para ele a exigência está unicamente na acolhida de um dom absolutamente gratuito que não temos de merecer, mas de receber. Ou seja: a atitude mais difícil que o Evangelho nos pede é a de acolher o que nos é oferecido de maneira incondicional. Tornar-se um cristão crível não significa que seja preciso tornar-se um herói da virtude ou da fé, mas um cristão fiel na "mediocridade" de sua existência cotidiana. Portanto, será sempre melhor viver a fé numa existência medíocre do que não vivê-la fazendo dela um ideal inacessível. A prova de que o Evangelho não é impraticável, mas impossível? A louca audácia desta palavra de Cristo: "Amém, eu vos declaro: os publicanos e as prostitutas vos precedem no Reino de Deus". Pois, se o Evangelho é feliz anúncio, é preciso que o seja *primeiro* para o pecador, *depois* para o justo, para o culpado antes do inocente, para o carrasco antes da vítima.

Essa prioridade do injusto sobre o justo, do pecador sobre o santo pareceu de início tão escandalosa e injustificável para os virtuosos (que dão mais valor ao mérito do que à graça), que eles deram um jeito de relegá-la ao silêncio. Uma maneira é calá-la, outra é reduzir sua importância em nome de uma compreensão da misericórdia que continua sendo apanágio dos virtuosos! Leio num documento católico: "Como diz o próprio termo, trata-se de ser generoso com quem está na miséria". Decerto, não é falso nem pouco recomendável; mas a orientação que domina essa maneira de apresentar a misericórdia parte ainda de quem tem coração – entenda-se: o bom cristão, a pessoa bondosa, generosa – para ir, em sua plenitude, despejar-se naquele que está na miséria –, entenda-se, o pobre pecador. Ora, ao que me parece, o que Jesus diz é completamente diferente: é o pobre coitado, o "sujeito ruim" que, equiparando-se à *sua própria* miséria, já não suporta sua complacência, sutil ou sórdida, para com o nada, é ele que está pronto para o Reino, metáfora para dizer o reino da graça e do perdão. É aquele ou aquela que se prostitui e que já não suporta tarifar o amor, que está pronto ou pronta para descobrir o dom gratuito do amor.

É verdade que os valores só podem ser avaliados por pessoas que *valem*! O discurso que as promove *mede*, assim, os comportamentos humanos pelo padrão de representações do bem (como a "tolerância" ou a "solidariedade") que *garantem* uma certa ordem das coisas. Não é anódino que nossa sociedade *mercantil* se satisfaça muito bem com um discurso de valores, os quais, como seus homônimos monetários, acabem por se tornar abstrações. Mania completamente ocidental essa da reificação progressiva de dinâmicas que agem como conceitos abstratos: amar se empobrece como amor, libertar como liberdade e salvar como salvação. Michel de Certeau acerta ao escrever: "Discursos fabricados e comercializados, uma vez que o trabalho e a comunicação condicionam a produção dos 'valores'". Na realidade, o infortúnio do discurso dos "valores" é também aqui sua autorreferencialidade, uma vez que tudo o que vale, vale por si mesmo, sem exterior que o julgue, sem alhures que o ultrapasse. O Evangelho, em contrapartida, *critica* cada um desses valores, inclusive os que os homens consideram excelentes, denuncia "às claras as lógicas ocultas", a começar pela ilusão sincera daqueles que se consideram "devidamente bem".

Todas as afirmações sobre os "valores" compartilham a mesma banalidade conformista; sua linguagem é a do *voto piedoso*. Sua pieguice permite que cada um os diga ou os entenda razoavelmente, sem que obriguem ao menor questionamento. Sua vacuidade inofensiva leva a crer que basta pregá-los para aparecer com a auréola das melhores intenções. Um cristianismo que ainda não existe é um cristianismo que trocou seu princípio de *inovação* por valores cuja generalidade protege da execução. Os valores são hipostasias; aliás, gostam de se paramentar com uma inicial maiúscula, que os torna mais honrados; mas nada se altera: "Solidariedade", "Paz" ou "Justiça" não são mais do que termos vazios. Pregar abstrações tão gerais quanto "paz no mundo", "abertura para os outros", "solidariedade entre os povos" é cômodo; ser "promotor da paz" a que nos exortam as Beatitudes é outra história. Esse discurso chama à "paz" entre todos os homens, mas como poderá pronunciar a palavra que, como uma espada, às vezes precisa cortar, a ponto de opor o pai ao filho e a filha à mãe? Esse desvio da palavra cristã relegará cada vez mais o cristianismo a ser apenas um fenômeno cultural encarregado de validar religiosamente as melhores aspirações da humanidade sem poder criticá-las em nome de uma palavra profética. Michel de Certeau já apontava esse perigo de atolamento da palavra cristã: "Ele corre o risco de deixar a toda a realidade sua autonomia, de limitar-se a acrescentar um 'excedente de sentido' evangélico a um pensamento e a uma ação 'humanos' já organizados segundo suas próprias normas". Um valor considerado como tal, como a bondade, a solidariedade ou a tolerância, tem a comodidade de poder se inserir facilmente na percepção comum que temos de uma bela humanidade.

Na verdade, *o cristianismo só conhece um valor: o Reino de Deus* (ou outras metáforas como a Vida, no evangelho de João; a graça, em Paulo etc.). O Reino é o valor supremo, ele o é na medida em que só conhece como valor o da *graça*, valor que relativiza todos os outros valores; ou seja, só os acolhe na medida em que esses valores são *relativos* ao que a graça significa. O discurso dos valores é fechado à linguagem do Evangelho porque "absolutiza" seus valores como a bondade, a virtude, a fidelidade, a família etc., sem os pensar relativamente ao valor supremo, que é a graça. Deve-se pensar a graça (o dom de existir) como o valor que transmite todo valor ao que, sem ela e fora dela, não o tem. Não se pode pretender, portanto, que o cristianismo possa ser redutível a um *humanismo*, mesmo com o "valor acrescentado" cristão.

Em suma, deve-se pensar que o caráter inverossímil e impossível do cristianismo não é apenas uma maneira de falar, mas a evocação de que o cristianismo nunca é mais *verossímil* e *possível* do que quando ele nos parece *inverossímil* e *impossível*. O Evangelho realiza essa transposição: tornar possível o impossível e verossímil o que é considerado inverossímil. O Evangelho é para ser ouvido quando ele nos eleva a uma possibilidade de existir que transcende toda possibilidade somente humana de sobreviver. Ou seja, a fé vive numa relação com o impossível, ou não vive. Maurice Bellet o confirma ao escrever: "O impossível não é somente próprio de situações excepcionais e aparentemente inextricáveis. É, de fato, a situação da fé, mesmo que ela seja – aparentemente – mais tranquila". Só o impossível dá à fé sua virtude de operação, como escreve tão acertadamente o teólogo Gabriel Vahanian: "Não é realizável só o que é inevitável; assim como não é moral só o que é possível, mas, precisamente, impossível. Na Parábola do Juízo Final, sobre o *que te tenhamos visto*, dizem ao Filho do homem para se justificar, e que *não te tenhamos dado de comer quando tinhas fome, ou de beber quando tinhas sede*, é impossível; então não o fizemos".

O discurso do sentido

Enfim, a última variante da beatice que põe o cristianismo a perder é mais indetectável ainda: consiste em dizer que o cristianismo é um discurso de sabedoria que cuida da questão do *sentido da vida*. Buscar um sentido possível para a vida pode ainda ser da alçada da beatice, na medida em que o sentido já tem sempre por referência o "eu". Ao passo que a fé é a abertura para um sentido impossível de conceber (que, portanto, diz respeito a uma confiança no Outro por meio do qual o sentido advém). O sentido da vida é seu *objetivo*. Basta sublinhar o que só o Evangelho diz ao mundo: *o objetivo da vida é o Reino*, para se dar conta imediatamente de que raras são as palavras cristãs que se referem a esse objetivo... Antes de mais nada, recusando o destaque das ideias e das belas construções filosóficas e teológicas, o Evangelho não disserta sobre o sentido da vida. Antes, ele mostra a vida naquilo que ela é menos geral, menos abstrata e menos impessoal: quando ela nos solicita a viver existindo. O Evangelho não nos fala no sentido da vida, mas na *vida da vida*. Em seguida, o cristianismo comprova o sentido da vida pela prova da perda ou da ausência do sentido ou ainda pela irrupção do *não sentido*. No limite, o Evangelho não é feito para dar "sentido", mas "não sentido" que desorienta e obriga a ouvir com outros ouvidos (o que é o próprio sentido da linguagem parabólica). O real no qual esbarra infalivelmente o crente (assim como o incrente ou o agnóstico) é a morte. E, uma vez que a angústia diante da ideia de morrer é sempre *mortificante*, um adiantamento que a morte cobra, o crente é tentado a encontrar respostas, aplicar cataplasmas ou inventar expedientes. De fato, o crente não suporta a ideia de que a morte não tenha sentido em si mesma. Então, ele lhe atribui um: será, por exemplo, a crença numa vida depois dela. Ou ainda a eternidade, que nunca é mais do que a morte continuada. Se a morte não tem sentido em si, a infelicidade, o mal também não o têm: que angústia para o homem se não houvesse crenças disponíveis, prontas a serem fornecidas. "A Cristandade em seu conjunto professa a religião sombria das aves noturnas, cuja seriedade pesada dá vontade de se tornar ateu, ou a religião feita de algumas rédeas simplistas e otimistas, de sorriso fácil e esquecimento da morte, cuja visão tola desarma", escreve ainda Paul Evdokimov. A linguagem da fé não faz escapar da morte, da finitude da condição humana. Mas ela diz que a morte só pode fazer morrer o que já está morto enquanto a palavra está para o poder da vida, assim como a vida está para o poder da palavra. De fato, o que o poder da palavra revela *é que a vida não tem outro sentido do que não a vida viva.* E que a morte é o sintoma atual de uma vida que não seria viva. Ora, o cristianismo só tem em vista a "salvação da vida", conforme sublinha por duas vezes a Epístola de Tiago; isto é, a possibilidade para um homem de existir *decididamente,* de uma vez por todas, aqui e agora. Por isso, à noção frequentemente citada hoje de "sentido da vida", o pensamento bíblico prefere a noção de *promessa*: o por-vir da vida é, para quem não a tenha menosprezado ou desperdiçado, a própria vida, e não outra *coisa* (dinheiro, carreira, prazer e nem mesmo o "paraíso" como derradeira recompensa narcísica). O cristianismo não quer dizer nada mais do que isso ao falar em "vida eterna". O registro da promessa deve ser preferido ao do "sentido da vida" pela razão de que ninguém jamais tem certeza de fato de querer desejar existir: como posso *saber* que o sentido que *eu* dou à *minha* vida não é ilusório? Não é tão fácil e tão tentador às vezes enganar a si mesmo, preferir o vazio à profundidade, o prazer à alegria, a necessidade ao desejo, o ter ao ser, a ilusão ao real, o nada à vida? Em contrapartida, o valor da promessa da vida lhe vem do fato de ela permitir ter esperança. É uma palavra que liga todas as provações, as descontinuidades da existência e lhes dá uma meta: livra-nos assim do acúmulo de fracassos e de frustrações de um passado que nos açambarca e obstrui nosso futuro. E precisamos dessa promessa para nos convidar a crer no inverossímil, para nos abrir à possibilidade de ter esperança no impossível: *a morte está atrás de nós, a vida viva à frente!*

A linguagem da fé é, nesse sentido, fundamentalmente diferente do que atualmente se designa pelo termo "espiritualidade", um pouco abstrato e curinga. Antes de tudo, o próprio termo "espiritualidade" parece-me ambíguo; portanto, portador de confusão, a começar pela de restringir o "espiritual" a uma parte da vida, ao passo que é justamente *toda* a vida que tem vocação para existir diferentemente. Ela concerne, então, tanto à vida individual quanto à social, à economia, à política, à relação do homem com o tempo, com seu corpo etc. Sejam quais forem suas formas, pode-se dizer que a espiritualidade remete a uma "experiência" *individualista* e *minimalista* em que o eu descobre que "lhe faz bem" ocupar-se dele *diante do infinito que o ultrapassa*. "Muitos chamam de 'espiritualidade' o conforto ou o consolo narcísico que lhes dá o fato de pensarem em outra coisa que não eles mesmos, de um modo que possam em seguida voltar a eles, para trazer-lhes um pouco de ar", observa Daniel Sibony. Nesse sentido, a espiritualidade é primeiro busca de um certo "conforto"; falta-lhe então o que constitui o espírito e o vivo do Evangelho, saber que a fé é *acesso à existência do si diante do Outro*, e não a alimentação das necessidades "espirituais" do eu. Isso equivale a pensar que a espiritualidade é o nome atualmente mais "vendedor" para dizer a beatice, esse sentimento que se nutre de si mesmo, diferentemente da fé que é sempre *relação com o Outro*. Não é que à fé bíblica "falte" espiritualidade, muito pelo contrário, mas ela consiste menos em levar de volta ao eu, inclusive em sua interioridade, do que a fazê-lo "sair de si" em relação ao próximo. Quando a experiência espiritual corre o risco de fechar o indivíduo numa fruição de si mesmo, a fé é exposição ao outro tal como a existência é exposição ao evento. Por essa razão a fé é sempre vivida sob forma de *combate espiritual*. "O sentimento religioso, em contrapartida, 'contenta' justamente porque é passivo; e, se é que ele busca alguma coisa concreta, é sobretudo reconforto, consolo nas dificuldades da existência", sublinha Alexandre Schmemann.

Enfim, é preciso acrescentar ainda a essas formas de linguagem da beatice um último exemplar, muito em moda neste momento: o *cristianismo juvenil*, cuja linguagem é "jovem", como se deduz. Esse cristianismo edulcorado propõe aos "jovens", por exemplo, *"kits for live"*, *"Night fever"*, *"Holy Games"* etc. O discurso cristão juvenil revela que a linguagem da beatice, no fundo, não é mais do que um *discurso publicitário*. O Evangelho não fala a linguagem fácil do *slogan*, do encantamento ou do mantra. Ele não infantiliza, e quando convida a se tornar *como crianças* para entrar no Reino, não é para falar aos adultos como às crianças nem com as crianças como se não fossem futuros adultos.

A linguagem da beatice é verborrágica e prolixa. "Se alguém se crê religioso sem pôr freios na língua, mas enganando a si mesmo, vã é sua religião", escreve a Epístola de Tiago. É justamente porque o zelo da palavra parece conotar uma verdadeira religiosidade, que Tiago a dá como sintoma particularmente sutil de uma autoilusão. Tiago logo compreendeu que sua exortação a levar a fé a sério podia levar certos crentes a se tornarem "convictos" limitados, que já não conseguem se comunicar a não ser para convencer, atacar, defender-se ou seduzir. A verborragia da beatice é a tentação permanente do cristianismo, razão pela qual não se pode então lhe atribuir outro começo a não ser o surgimento da própria palavra cristã. A *verborragia* aparece, então, como um princípio discriminador cuja função vale em qualquer tempo e em qualquer lugar; por isso, esse motivo crítico é dado pelo próprio Evangelho quando diz: "Não basta dizer-me: 'Senhor, Senhor!' para entrar no Reino dos Céus; é preciso fazer a vontade de meu Pai que está nos céus". A linguagem da beatice se entusiasma repetindo: "Senhor, Senhor!", por convicção ou por hábito, mas a fé como linguagem faz a vontade do Pai. Por isso, a fé fala a linguagem da mudança. Ela não diz o que é ou o que deve ser, mas o que acontece: a possibilidade de viver de maneira diferente. A vitalidade da fé não se mede pela inflação dos termos pronunciados, mas se verifica sobretudo pela inflexão que ela dá a toda a vida. Em contrapartida, a sintaxe da beatice, remetendo o que deve ser à forma de crença que é esperança, é sempre já ultrapassada pelo que acontece. Assim, toda "nova" má nova, o surgimento de um conflito ou uma catástrofe natural, um novo atentado ou um enésimo atentado aos direitos humanos, obriga-a a reutilizar seu habitual "comunicado"; primeiro a consternação e a condenação mais viva, depois a repetição frequente do encantamento: "Nosso futuro é vivermos juntos", mesmo que a atualidade o desminta incessantemente. O pior para uma "boa-nova" é caducar antes mesmo de ser anunciada.

Acabamos de ver que a linguagem da beatice é a de um plágio da linguagem evangélica: tudo bem ela copiar um verbo, acontece que essa linguagem não introduz ao centro da proclamação do Evangelho como Evangelho. Na realidade, a linguagem das crenças e dos valores não pode investir-se de cristianismo, mas do que sociólogos americanos chamaram de "deísmo ético-terapêutico", uma versão frouxa e edulcorada do cristianismo que, em linhas gerais, afirma que é preciso ser gentil e que a salvação consiste essencialmente em encontrar harmonia e bem-estar no cotidiano. Nessa versão, Deus é menos Palavra que chama e promete do que uma Entidade "dessubjetivizada", Energia primordial ou Vida, mas tendência a "pai superprotetor" ou "grande irmão cósmico", cujo único interesse é que Ele *valide* nossa necessidade de conforto espiritual. Muitos são os autores que poderiam hoje estar classificados entre os representantes desse deísmo ético terapêutico, como Frédéric Lenoir ou Éric-Emmanuel Schmitt, para citar apenas os mais celebrados pela mídia. O problema desse deísmo é o mesmo que identificamos na linguagem da beatice: ele arremeda a graça fazendo-a passar pelo desejo de um eu que não quer de modo algum renunciar a si. Ao passo que a fé não suprime o desejo, mas a condescendência do ego em justificá-lo. Quando o homem busca razões para justificar seu desejo, a fé lhe ensina que só a graça é a razão sem razão da justificação de sua existência. Pois, afinal, o que a religiosidade recobre senão uma forma de *desespero*, tal como bem viu Kierkegaard ao escrever: "Há uma forma de religiosidade que em certo sentido assemelha-se ao desespero, sem no entanto sê-lo exatamente, mas que também não é a verdadeira confiança em Deus cheia de esperança".

A linguagem da beatice é "des-esperante"

Eis o que é decisivo: a linguagem da beatice (seja a das crenças, dos valores ou do sentido da vida) é uma forma de linguagem que contém o *"des-espero"* – escrevo-o assim para não confundi-lo com o desespero psicológico, essencialmente mórbido, ao passo que o des-espero pode até aparecer como um evento feliz, uma vez que permite levar à esperança. O clichê eclesiástico é uma desesperança com relação à palavra, um desespero de si também. Querendo tirar o indivíduo do des-espero, o clichê o conduz mais certamente a ele, tanto mais certamente quanto tem a pretensão de curá-lo. Em última análise, a linguagem da beatice é des-esperante. Como? Ela faz crer em crenças, mas, de fato, dispensa de crer. Ela desempenha o discurso dos valores, mas é para culpabilizar mais os que não correspondem ao ideal do eu. Ela diz saber qual é o sentido da vida, mas seu discurso torna mais sem sentido a vida daqueles que defrontam o trágico. Só o Evangelho proclamado como

Evangelho é capaz de tirar desse des-espero porque ele é a linguagem da *esperança*. Kierkegaard escreve: "Só há uma prova da verdade do cristianismo, e muito justamente é a prova patológica, quando a angústia do pecado e o tormento da sua consciência pressionam o homem a transpor a estreita demarcação entre o desespero que confina com a loucura e... o cristianismo. *Aí* fica o cristianismo". O des--espero não é senão uma *possibilidade de existência rumo à existência*. "A fé é uma ideia que só se encontra na aflição – portanto, uma categoria do desespero", afirma Kierkegaard. Maurice Bellet lhe faz eco ao escrever: "O crer é ato de fé, que só se verifica no que ele opera, até nos momentos de desesperança, quando a fé só se agarra, apesar de tudo, à 'pontinha da alma', como se dizia outrora".

Vimos que a história bimilenar do cristianismo é a história de uma decepção que se acreditou dever compensar. Mas toda decepção também traz em si a expectativa que alimentava a esperança. Esperança que talvez não tenha mudado: *de que o futuro cumpra suas promessas*. Dissemos que a fé é confiança no inverossímil, mas de que promessa inverossímil ela é a confiança? O inverossímil não tem nada de incrível, é mesmo por aí que o reconhecemos. O incrível está fora de alcance do desejo, ao passo que o inverossímil é *intensificação do desejo como desejo*. Qual é então o desejo que é inverossímil propriamente dito na medida em que tudo parece desmenti-lo? Esse desejo se chama: *enfim existir*. Então, é preciso dizer que o caráter inverossímil e impossível da fé se baseia nesse dado: é a impossibilidade de enfim existir que parece a coisa mais inverossímil e mais impossível.

Conforme diz muito bem o filósofo Alain Cugno: "O ato de fé original de um eu singular à espera do que vem é de fato o evento mais fundador, o mais arquetípico que podemos imaginar". E é também a razão fundamental do acordo entre o Evangelho e a existência: *ambos apontam para a fé como fé no inverossímil.*

3

Tornar o cristianismo possível

O "milagre" da existência

Até aqui tentei esclarecer a dupla polaridade inverossímil e impossível do Evangelho. Mas ainda não mostrei suficientemente que essa dupla polaridade aponta para o único "milagre" que não concerne à produção imaginária do "maravilhoso", mas à emergência de um si finalmente existente.

Vamos nos transportar então para o "palco" desse milagre.

Trata-se de uma casa situada em Cafarnaum, aldeia de pescadores localizada à beira do Lago da Galileia. No início da narrativa, a casa funciona como um refúgio para Jesus; de fato, sua fama de curador é tal que Ele "já não podia entrar abertamente numa cidade, mas ficava fora em lugares desertos". Porém, mesmo assim, "vinha-se a Ele de todas as partes". Se até o deserto é cheio de gente, onde encontrar a solidão? As cidades às vezes oferecem mais anonimato do que um deserto; Jesus vai a Cafarnaum "se esconder" na casa (a de Pedro?) onde espera estar protegido. Em vão. O boca a boca funciona como um *tam-tam* e a notícia se espalha: Jesus está aqui! Imediatamente, as pessoas acorrem; "reuniram-se em tão grande número que já não havia lugar nem diante da porta". As pessoas se precipitam e a casa transborda. Naquele lugar fechado, abarrotado, logo surge uma brecha. Virá de um homem afetado pelos mesmos sintomas que a casa na qual ele gostaria de poder entrar: *saturação* e *latência*.

Um eu saturado de si mesmo é um si em latência. Ele precisaria ser arrancado de si mesmo, mas será que ele quer aquele arrebatamento que imediatamente desfaria as amarras que o retêm? Certamente é prisioneiro de seu eu, mas numa prisão mais confortável do que o risco da liberdade. O Evangelho chama o eu privado de existência de um "paralítico".

Chegando diante da casa, o paralítico e os quatro que o carregam constatam a impossibilidade de passar pela porta. O que fazer? Primeiro: *encontrar uma brecha possível*. O telhado móvel convirá. Mas esse truque de "passa paredes"* teria sido inútil se uma palavra não se tivesse insinuado através de uma resistência mais insistente do que um telhado ou uma parede. Dizendo-lhe: "Filho, teus pecados estão perdoados!", Jesus não parece responder ao desejo de cura do homem paralítico. Mas é para responder melhor ao apelo secreto que o "si" do paralítico quis fazer falar desmanchando o telhado. Jesus não estava enganado: o Evangelho nos diz que Ele viu a fé em ato. O que motivava o homem e seus carregadores era a fé ou a busca de uma cura do eu? Pouco importa, Jesus viu os gestos de audácia de um si que quer sair de sua paralisia e transpor o limiar. É isso a fé: a latência do si, um desejo de arrebatamento.

---

* Em francês, *passe-muraille,* referência ao romance de Marcel Aymée, *La Passe-muraille*, cujo personagem tem o poder de atravessar paredes [N.T.].

É uma das duas vezes apenas, no evangelho de Marcos, em que Jesus se dirige a alguém para chamá-lo de "filho" (*teknon* em grego, que vem de um verbo que significa "trazer ao mundo"). Na segunda vez em que essa denominação ocorre, Jesus se dirige a seus discípulos logo após seu encontro com o rico: "Filhos, como é difícil entrar no Reino de Deus! É mais fácil um camelo passar pelo buraco de uma agulha do que um rico entrar no Reino de Deus". A comparação dessas duas ocorrências me parece fazer sentido: em ambos os casos, trata-se de entrar, até mesmo de passar por um *buraco*! O paralítico e o rico devem consentir no risco de perder o que não pode prevalecer em relação à existência, o "enfatuamento" do eu. E, como o rico tem mais a perder, ele se retira. Para o paralítico, como para cada um de nós, (re)nascer é passar pelo buraco, pela abertura: Marcos nos conta uma *libertação*.

"Filho, teus pecados estão perdoados": o que Jesus diz com isso, ou melhor, o que o paralítico entende? Certamente não o que ele viera pedir a um taumaturgo famoso: a liberação de seus membros paralisados. Na realidade, é essencial que Jesus não responda a esse pedido. Por quê? Porque o eu em sofrimento espera que o Outro lhe dê o si que ele não é. Mas o Outro não tem esse poder e, se pudesse, não daria mais do que um si falso – portanto, mais um eu   ainda por cima configurado pelo desejo do Outro – portanto, um eu "alienado". Perguntamos ao Outro: dize-me quem sou, qual é meu valor? Como diz Alain Didier-Weill, a quem se devem estas linhas, "mesmo que o Outro, dirigindo-se ao sujeito chamando-o por "tu", pareça designar uma certa realidade, essa designação poderá permitir que o sujeito *saiba* que ele existe para o Outro, mas nem por isso lhe permitirá crer no que ele sabe". Já encontramos essa dificuldade ao nos determos nas figuras de Marta e Maria. Elas se tranquilizam repetindo o que sabem a respeito da "ressurreição dos mortos", ao passo que Cristo as convida a crer no que elas ainda não sabem: que só a confiança *nele* é promessa de ressurreição e vida.

Então, quando o Outro diz: "Filho, teus pecados estão perdoados", o que o eu ouve? Ouve que foi levado para mais longe do que seu passado, mais longe do que seu passivo, que essa palavra tem sua fonte na palavra original, aquela que, propriamente falando, nos *gera*. Ouve também que Jesus deixa o Outro inominado, que, portanto, ele só será obrigado a responder ao Outro existindo, que está eliminada qualquer identificação possível com o Outro. Ouve ainda que, *sem que ele saiba por que,* seus "pecados" não lhe são imputados mas perdoados. Esse homem que *"não sabe o que* ouve, *crê* no que ouve" (Alain Didier-Weil).

O sinal de que ele passou do saber à fé? Ele não duvida de que a palavra: "Levanta-te, pega tua maca e anda" é uma intimação à qual ele pode responder *sim*. Aliás, o texto não interpõe nenhum suspense entre o apelo e a *surreição* do homem: "O homem se levantou, pegou imediatamente sua maca e saiu diante de todo o mundo". Didier-Weill pergunta: "Como se manifesta essa cessação da dúvida? Pelo fato de que o sujeito parece manifestamente já não esperar do Outro uma resposta a seu 'Por que existo, o que devo fazer para existir, aonde devo ir?' Tudo se passa, de fato, como se no mesmo instante ele começasse a [andar]" (Didier-Weill fala de "dançar", mas o sentido é o mesmo), "como se soubesse aonde tinha de ir, sem ter de perguntar, a partir de então, a quem quer que fosse, por que deveria ir nem como deveria fazê-lo".

"Vai para tua casa", disse-lhe Cristo. "Pois não são discípulos propriamente ditos que Cristo quer atrair, para mantê--los a seu lado [...], mas Ele vai à procura de homens e mulheres, convidando-os para o evento do encontro que muda tudo; que, chamando a se manter fora da totalidade que constitui o mundo, faz doravante 'ex-sistir', mesmo que cada um volte para sua casa", escreve o filósofo François Jullien.

Uma subscrição também nos é dada pelo Evangelho, fazendo destacar o contraste entre uma vida que se põe a existir e a postura daqueles que preferem suas adesões. De fato, a palavra de *desfecho* proferida por Jesus provoca imediatamente uma reação de *fechamento* por parte da corporação dos escribas, cuja presença no interior da casa Marcos nos aponta. "Eles raciocinavam em seus corações", esclarece o texto. Ruminam *dialogismoi*, diz o grego, que se poderia traduzir por "deliberações", mas que deve ser lido no sentido de "de-liberações", tanto que os raciocínios repetidos pelos escribas os encerram num saber fechado para o ato de fé. "Por que ele fala assim? Ele blasfema. Quem pode perdoar os pecados senão unicamente Deus?" Só o "porquê" das coisas lhes interessa; como "forças da ordem", preferem investigar para determinar a causalidade anterior que retém os indivíduos, como o pecado ou a culpa de seus pais antes deles. Do passado eles só retêm o passivo. Só conseguem ver que a remissão vem sempre à frente do sujeito, que ela inclusive o antecede. A existência dependeria da causalidade? E a palavra que a torna possível não surge como o advento de uma graça? Mas os escribas, confinados em sua cegueira, não suportam a irrupção da graça. Não a suportam porque ela escapa a qualquer controle. Preferem fazer Deus depender da lógica deles a vê-lo agir.

Se nada muda da parte dos escribas, não se pode dizer o mesmo da parte das pessoas presentes na casa: "Todos estavam fora de si", diz literalmente o Evangelho, dando-nos a ler o lugar preciso em que a existência se revela. *Existasthai,* diz o grego, que é equivalente a nosso *existere* em latim. O filósofo Jean-Luc Nancy nos ajuda a pensar novamente a velha noção de "alma": esta nada mais é do que o corpo, mas "o corpo fora de si", abrindo-se e deslocando. Como se as pessoas, vendo esse *passante,* reencontrassem sua alma e, nela, a intensidade jubilosa de um desejo de viver. E dessa existência nascem o louvor e o assombro: "Eles glorificavam a Deus dizendo que (algo) assim nunca viram!"

O louvor? Um *sim ao dom do dom* que nos cura da angústia diante da *nulidade* (com a qual se identifica quem vive sua vida como uma culpa ou um erro). Então se abre, para o homem, a experiência do verdadeiro *prazer*: usufruir do que é dado, de maneira totalmente graciosa. A alegria é êxtase, saída de si; é dada então com o vivo sentimento de enfim existir.

As curas que os evangelhos nos relatam e que tomamos por "milagres" não se excluem de nossa condição humana. De fato, as doenças de que Jesus cuida aparecem como as manifestações diferentes de um único mal-estar: não *ser si*. Os evangelhos não nos dizem o que é o "si", pois só há si singular e nós temos de nos tornar "cada um por si" (o que significa para e com os outros, pois, diferentemente do eu, o si é aberto e conectado), mas eles contam como alguns puderam se tornar si ligando-se novamente ao poder da fé. Como o cego Bartimeu, cada vez que pulamos para *fora* da rotina de nossas dependências, cada vez que começamos a existir deixando cair os velhos andrajos de nossas crenças mesquinhas ou ilusórias, o Evangelho reconhece conosco: "Tua fé te salvou!"

Comunicação de existência

O cristianismo não é uma doutrina, assim como não é uma moral, mas uma *comunicação de existência*, lembra Kierkegaard. Pensando bem, haverá definição mais correta, mais aberta e promissora do que lembrar que o cristianismo é, como tal, compartilhamento de existência? "O cristianismo não consiste em oferecer a cada um a possibilidade de 'se tornar pessoalmente melhor'", observa acertadamente o teólogo Alexandre Schmemann; não, o cristianismo oferece a cada um a possibilidade de enfim existir. Significa também – e isso é da mais alta importância – que o cristianismo só pode ser compreendido por meio do testemunho da maneira pela qual o Evangelho se torna o motor de nossa existência. Qualquer outra compreensão "exterior" do cristianismo o conhecerá apenas como fato histórico, sociológico e cultural, mas nunca o cristianismo como evento. Comunicar a existência não significa simplesmente que o Evangelho fale da existência, do "vivido", como se disse na ilusão de crer que o testemunho desse "vivido" bastaria para dar cores a um cristianismo átono. Antes, a *cristianidade* comunica o dom de existir, o que dá à fé elementar "descobrir *na configuração de Cristo* que gratuidade e gratidão têm origem e fim Naquele que, doador de todo bem, é só bondade", conforme destaca Christoph Theobald. Em suma, para a fé dos *cristianos*, a existência do homem possibilitada pela Palavra torna-se, no fundo, o essencial.

Pondo-se a existir, o indivíduo encontra algo outro que não ele: o exterior que o faz sair dele e o interior que o faz voltar para ele mesmo. Isso significa que o homem não se decide sozinho e por ele mesmo a existir, mas ele é *chamado*. Esse *Outro* fora do homem, mas que está também nele, *diferentemente Outro* a ponto de figurar como apelo incondicional à liberdade, podemos chamá-lo de Deus (mas poderíamos igualmente chamá-lo por outro nome; a Bíblia não deixa de fazê-lo). Deus é um nome para dizer a palavra que chama o homem a *existir pela fé* (mas poderíamos igualmente escrever: a existir pela esperança ou pelo amor), ou seja, a viver por pura *graça*, livre das necessidades da natureza ou da fatalidade da história. O movimento que relaciona, assim, o si ao si que ele é em Deus, "tal como Deus quis", é o movimento pelo qual o indivíduo reconhece que seu si lhe é *oferecido* com a condição de recebê-lo! Mas, para poder responder a esse chamado que promete, o homem precisa se decidir e, portanto, empenhar sua liberdade (senão ele estaria ainda sob influência de uma necessidade ou da fatalidade). *Fiar-se nessa promessa* é o que a Bíblia, portanto, chama de fé. Daí, pode-se deduzir a seguinte equivalência: existir é crer, e crer é tanto um ato de palavra quanto uma palavra em ato. Uma palavra que faz existir.

A existência concerne a um verdadeiro ato de fé, e a fé não conhece nada além do dom de existir. "Em geral expõe-se assim a questão: primeiro é preciso a fé, e então se seguirá uma existência. E isso também contribuiu para essa imensa confusão, como se fosse possível ter fé sem existir. E é isso que se enfiou na cabeça até abolir a existência, pois a fé não é muito mais importante?", alerta Kierkegaard. Não se dirá, portanto, que a fé cristã determina um modo particular de existência (que receberia então o qualificativo "cristã"), como a fé muçulmana implicaria uma maneira de viver muçulmana, mas que a própria existência depende da fé e que essa fé, antes de ser a fé nesta ou naquela crença específica, é fundamentalmente uma *fé na fé*. O Evangelho não traz uma fé suplementar para se acrescentar à vida, mas revela a fé nua, a "fé crida"*, a fé elementar que está na base de todo desejo de existir; essa fé que, como escreve Paulo na Epístola aos Romanos, é uma "fé pela fé", a *fé absoluta* de que Jesus fala quando convida Jairo a ela: "Crê apenas". E, se é que se pode falar legitimamente de um agir especificamente *teologal* (com esse termo designo: crer, amar, ter esperança), é unicamente porque ele é integralmente derivado do ato de crer. Por isso, crente não designa nada além daquele que *crê*

---

* Em francês, *crue*, adjetivo (crua) ou particípio passado do verbo *croire*, "crer" (crida) [N.T.].

na fé e, portanto, aquele que crê em algo *diferente* do que ele chama de fé.

Para a fé, enfrentar o risco de existir é como passar pelo exame de maturidade: ela será capaz de nos fazer passar a uma nova maneira de existir que não reduza a vida à subsistência ou ao êxtase? A fé não se prova (ao contrário de uma crença, sempre perseguida pela necessidade de ser provada), mas ela se comprova; ou seja, não é possível não acontecer nada quando se crê. E quando o desejo de existir vegeta, a Bíblia chama isso de "caminho da morte", pois ela entende que há uma infelicidade mais total ainda do que o termo definitivo da vida: o perigo da *insensibilidade à existência*. Ora, e por mais surpreendente que pareça, a insensibilidade à existência é provocada sobretudo por uma confusão que leva a crer que o cristianismo é uma religião da felicidade, ao passo que ele é o compartilhamento da alegria de existir. Eu diria que a fé é desacreditada quando serve para promover a ilusão da felicidade em vez de servir à alegria. Ou, recordando: reconhecemos a beatice pelo fato de ela tentar convencer da crença na felicidade (ou do bem-estar). Ou, mais exatamente, a crença de que a felicidade é sempre um bem disponível para o consumo (sob condição, é claro, de que se possa pagar seu preço...).

Pensar a felicidade como uma crença significa ao mesmo tempo o caráter "irreal" da felicidade imaginada como estado permanente de bem-estar (em que todas as contradições e tensões da vida estariam eliminadas ou sempre já reconciliadas) e seu caráter de obrigação social, já que uma crença serve para fazer crer ("é preciso ser feliz", esse é o mandamento de uma sociedade de consumo). O fato de a felicidade ser um sonho inacessível e frágil não nos impede em absoluto tentar conduzir nossas vidas com base nessa ilusão. Ilusão muito cara, de resto, já que a sociedade de consumo se ocupa constantemente em nos vender a quimera. De fato, temos uma ideia da felicidade que se assemelha exatamente... à morte. Com efeito, a morte é um *estado permanente* que nada perturba, um sono profundo do qual nunca emergimos. Ao passo que a vida se apresenta a nós entre as categorias de *risco*: exige que reajamos a determinado acontecimento, que nos aventuremos às vezes pelos caminhos da liberdade, que ousemos o encontro etc. Não se passa um dia sem que ela nos desafie a nos arriscarmos a pensar por nós mesmos, em que não nos impeça de deixar que a opinião ou qualquer poder que seja se imponha a nossas escolhas. Na realidade, a ideia de felicidade é um anestésico; em linguagem bíblica, deve-se dizer que ela é um *ídolo*. Em contrapartida, decidir-se a enfim existir amadurece para a alegria. Certamente não devemos entender mal o sentido do advérbio "enfim": existir é uma tarefa que não cessa nunca, enquanto dura a vida. Acabar com a vida antes que a vida tenha acabado conosco é nos condenar a não existir e recusar-nos à alegria.

Decididamente, *se o Evangelho é para crer, é porque ele dá a crer*. Crer na fé, e a isso que o Evangelho convida, tanto que crer na fé é crer no próprio Evangelho. Essa é sua *fiabilidade*. O Evangelho mostra como, a partir do eu que se desespera dele mesmo, um poder é dado a fim de fazer emergir seu verdadeiro si. O que é chamado de "salvação" no Novo Testamento não é nada mais do que isso. Ela nunca acontece com um golpe de varinha mágica, uma vez que a energia da fé ignora as ilusões de um outro mundo, quer o chamemos de paraíso ou procuremos atingi-lo por meio de entorpecentes; ela não suprime a relação do homem com a realidade, com sua própria finitude, nem com a morte, mas muda seu jogo.

Viver no tempo do fim

A *Epístola a Diogneto*, um dos mais antigos documentos do cristianismo, chama curiosamente os cristãos de pessoas do "terceiro gênero", "pessoas que se sentiam em casa quando em peregrinação, mas para quem sua casa era o estrangeiro", explica Alexandre Schmemann. Infelizmente, os cristãos perderam sua qualidade de "terceiro gênero" quando se tornaram cidadãos de pleno direito e sua fé desacreditada se tornou a crença normal, obrigatória e evidente de toda a sociedade. Hoje eles correm o risco de ser cidadãos de "terceira zona". Se os cristãos querem novamente dar testemunho do Evangelho, qual poderia ser hoje seu "estilo" de vida? Alguns os desejariam "descomplexados", como se os discípulos do Caminho tivessem a missão de mostrar um orgulho de pertencimento ou de "recristianizar" a sociedade. Não, o testemunho cristão será mais modesto, porém, ao mesmo tempo, bem mais significativo quando encarnar uma nova maneira de viver a relação com o tempo. Vimos que os primeiros cristãos tinham consciência de viver no tempo do fim. A infelicidade do cristianismo foi perder essa consciência e instalar-se no tempo da *sucessão* – que é simplesmente nosso tempo linear, o tempo que se conta, o tempo que autoriza a construção e a acumulação. Ele também permite que a herança cristã seja deixada para cada nova geração por uma transmissão "natural", o passado fluindo para o presente graças à garantia de um futuro. Nessa concepção, nada limita verdadeiramente o tempo, a não ser, é claro, a evocação do fim dos tempos, improvável de tanto ser adiada.

O testemunho mais precioso do cristão: *viver da graça do tempo.*

Continuamos a pensar exclusivamente a relação do cristão com o mundo como com um meio (político, econômico, cultural ou, mais amplamente, profissional ou familiar), ao passo que o cristianismo compreende o mundo no sentido do *saeculum,* que significa o mundo no "século" mais do que em referência ao espaço (o latim tem um termo que traduz o *cosmos* grego: trata-se de *mundus,* de que tiramos nossa ideia de "mundo"). Por se ter privilegiado o espaço à "secularidade" do cristianismo, disso resultou uma superestimação do tema do "engajamento". O cristão adulto é um cristão "engajado". Mas engajado em quê? Suprir a falta de clero? Cumprir tarefas paroquiais? Ou ainda engajar-se em associações de caridade ou humanitárias? Todas essas coisas são nobres, não se trata de criticá-las. Mas, afinal, o testemunho cristão não sairia ganhando se estivesse inscrito no tempo que é o seu: o *cotidiano*? Não só o cotidiano é o tempo de que cada um dispõe (ao passo que nem sempre é possível nem mesmo desejável engajar-se – o engajamento pode ser uma fuga ou uma compensação narcísica), como também é o tempo que *conta.* No fim da narrativa da cura do homem atormentado por seus demônios no evangelho de Marcos, vê-se Jesus recusar ao homem que o siga. Por quê? O homem que conheceu a alienação pode desejar alienar-se entregando-se a seu salvador. Isso Jesus recusa categoricamente. Ao contrário, Ele despede o homem dizendo: "Vai para tua casa, para junto dos teus, e dize-lhes tudo o que o Senhor fez por ti e que Ele teve piedade de ti". O homem que privara os seus de sua presença é convidado a não mais desertar. Cristo devolve-o a seu cotidiano, ao único tempo que conta, o tempo para o encontro de que ele se privara quando vagueava dia e noite na montanha, entregue a uma confusão que o impedia de viver de dia e dormir à noite.

"O tempo é decisivo", dizendo isso Cristo inaugura a proclamação do Evangelho. Quando digo: "Corro atrás do tempo", "Não tenho tempo", ou pior, quando passo o tempo desperdiçando-o, o Evangelho me pressiona: "Vais (enfim) existir? Vais aproveitar a oportunidade que te é oferecida hoje de existir livremente, inteligentemente, espiritualmente? Vais ainda remoer tuas dúvidas, teus medos e teus arrependimentos ou vais acolher o dom de existir?" O que o tempo decisivo significa para os seres humanos, crentes ou não, é que eles não têm outro tempo (para imaginar ou desejar, num outro mundo ou para depois do fim do mundo, ideia completamente ausente da Bíblia) a não ser o cotidiano que lhes é dado para enfim existir. Isso significa ainda que a palavra cristã não é orientada para o que é *definitivo* (como o que chamamos de "Juízo Final" ou mesmo o termo para cada um que significa a morte), mas para o que é *derradeiro*; ou seja, o acolhimento do Evangelho como nova escala de valores que julga o presente, em cada momento da história, a fim de devolvê-lo a ele mesmo: uma *presença num presente*. Uma presença no dom de existir. É esse o tempo que conta.

A Modernidade padece da ausência dessa presença. Por quê? Porque ela escolheu privilegiar uma relação particular com o mundo: a da *utilidade*. Ela precisa então regular sua visão por aquilo que pode ser calculado, medido, avaliado, *captado*. Nessa ótica técnica, a percepção tem interesse em se reforçar contra o *imprevisível*, que é o modo de surgimento do *inacessível*. É por essa razão que a Modernidade não conhece o evento e não suporta a graça. O indivíduo pós--moderno é aquele que já não ouve nem vocação nem chamado, e é por isso que, ainda que ele tenha um futuro, ele não tem por-vir. Ora, sem por-vir é o presente que escapa. Fatalmente, então, em meio a essa dupla fatalidade, está um presente recolhido nele mesmo, um "presentismo", forma vazia e efêmera de um instante que já não é recebido como presente. De fato, vivemos menos no tempo do que numa relação falseada com o tempo que nos faz perdê-lo. Vivemos o mais claro de nosso tempo numa forma de negação do tempo como *origem* ("não me dei a mim mesmo") e na recusa do tempo como *advir* ("torno-me o que sou graças a um Outro"); essa dupla recusa, imagina-se, refluindo sobre o presente, torna-o tragicamente inexistente.

Aliás, dessa desilusão concluímos uma (pequena) moral provisória: *viver o instante presente*. Que nada mais é do que uma quimera, uma vez que o instante presente sempre nos escapa: assim que se apresenta é imediatamente engolfado no passado. Então, quase sempre, para se opor a essa quimera, *vivemos (nos) consumindo*. Mas o custo desse preço a pagar para "aproveitar" a vida é sentido cada vez mais intensamente. A esperança desata o niilismo, que é fundamentalmente um *futuro sem por-vir*. No niilismo só há futuro desorientado ("amanhã é outro dia") ou um passado comemorado do qual não se aprende nada. Resta a injunção de "aproveitar" o momento presente; ou seja, uma sucessão de instantes e de pequenos gozos (que são "pequenas mortes" que não dão a vida).

Não é o instante presente que se deve viver para existir, mas a vida como um presente. Nisso está toda a diferença de perspectiva entre o futuro e o por-vir. O futuro é ter esperança de que amanhã poderei enfim viver minha vida, aproveitar o instante. Em vão. O motor da esperança é a dúvida e o temor: *espera-se o que se teme não receber*. Em contrapartida, o por-vir é a promessa de que posso acolher, já no presente, o dom de enfim existir. Sem por-vir, é impossível sentir a alegria de existir. Não se trata apenas de sentir a alegria de estar vivo (o que já é muito), mas de receber a promessa de que a vida não é um destino ao qual nos submetemos, mas uma vida que nos é oferecida. De fato, diante do destino, o homem não tem do que se regozijar (do que seria, já que o Acaso ou a Fatalidade decidem por ele?), também não tem do que se queixar (a quem, já que o Destino não tem rosto?). Certamente pode-se escolher aceitar o destino, resignar-se à sorte, mas, ainda que a essa moral "estoica" não falte nobreza, não tendo esperança na possibilidade do por-vir, ela também não pode crer nem amar, uma vez que a fé e o amor só respiram o ar da liberdade.

Em suma, o ser humano é convidado a viver crendo, esperando e amando *até que seu si advenha*. Vivendo a esperança, o próprio indivíduo se torna um por-vir, chamado a se manter fora dele mesmo, tornando-se para ele e para o próximo uma existência cada vez mais relacionada ao próprio horizonte de seu por-vir, Deus. Na existência, tudo é por-vir. A existência é o fruto da esperança. Viver *em* Cristo é abrir *possíveis*: na linguagem do Evangelho, esses possíveis chamam-se *dom* e *perdão*. Quando a vida é impedida – no ressentimento, na inveja ou na vontade de vingança –, o dom e o perdão deslocam as linhas de frente, devolvem um lugar à vítima e a seu agressor, abrem um por-vir para aqueles que o passado condena à tristeza de serem apenas credores ou devedores.

Como é possível existir de maneira diferente, uma vez que a vida que nos coube (sem que a tenhamos pedido) é confinada por dois limites intransponíveis: o nascimento e a morte? Ninguém se deu a vida que a morte vem lhe arrancar. A vida nos ter sido dada é um *fato* incontornável, mas a dificuldade está em recebê-la como um *dom*. Na verdade, como receber a vida como um dom quando só se tem a lembrança da frieza dos pais – ou pior, de sua violência –, quando se sofre por ter sido abandonado ou traído ou ainda quando se fica sabendo que se tem uma doença incurável? Há tantos exemplos de vidas devastadas pela infelicidade, pela crueldade, pela estupidez, pela ilusão do lucro ou pela sede de poder. Qual a razão para se achar que a vida é dom? Na maioria das vezes, tentamos responder à injustiça da vida por meio de remédios que, na verdade, são venenos: nossas fantasias, nossos caprichos ou nossas tolas ambições. Vimos que o Evangelho é oferta de possíveis que o homem nem suspeita. Convém agora esclarecer: os possíveis abertos pelo Evangelho designam essencialmente a *possibilidade do dom* e a *possibilidade do perdão*. De fato, o

Evangelho é o ponto de encontro em que estão a proveniência e o destino, o dom e o perdão. Para cada um, a pergunta que tem primazia sobre todas as outras é a seguinte: "Posso esperar me sentir justificado por existir como existo?" Nesse sentido, existir significa ao mesmo tempo receber a graça de ser justificado por existir – esse é o dom – e a graça de esperar que esse dom de existir seja sem remissão – esse é o perdão, a renovação do dom. A metáfora do Reino não designa senão a perspectiva do perdão que abre um por-vir para o homem e transforma doravante sua vida em existência, em todos os aspectos de sua vida. E esse perdão não é senão o amor-dom, o *ágape* do Novo Testamento, que, por vir a nós do futuro, parece-nos impossível e inesperado.

Mas como qualificar esse dom? Ele é amor: reconhecimento do outro que o justifica por existir como existe; desejo descontaminado de toda inveja; curado de toda violência. Dom dado de antemão mas também *por-dom**, dom dado *para além* da ofensa, a reiteração do amor que faz alguém existir. O perdão faz ultrapassar qualquer medida: está além de todo cálculo e até além da noção de conta. Temos aqui a condição da fé: sempre que não vislumbro esperança possível, seja para mim ou para o outro, sei que não creio.

A eternidade está esquecida... Mas seu esquecimento talvez seja o preço a pagar para redescobrir sua *atualidade*. Também é verdade que a eternidade foi posta de lado porque a ideia que se fazia dela acabou por tornar insípida a pobre experiência cotidiana. O que vale a vida diária, as compras e o

---

* Em francês, *par-don*, homófono de *pardon*, "perdão" [N.T.].

trabalho, os lazeres e uma sessão de cinema, diante da eternidade? Pior, o que vale a vida se ela é apenas a antessala da eternidade? Ora, a eternidade não é um "futuro longínquo", mas o dom de uma maior presença para si e para o próximo. Então, a eternidade já não é para ser pensada como a extensão do tempo, mas como uma *pontualidade*; ou seja, como um instante de graça oferecendo à graça existir. Então, cada instante, agradável ou não, é vivido como já precedido por uma palavra (uma palavra de prevenção) que se oferece incessantemente como um *presente*. Então, tudo pode (re)começar de novo.

A relação do cristão com o tempo? Ela se exerce antes de tudo na *paciência*. Antivirtude por excelência na nossa época impaciente que quer tudo e imediatamente e em que a aceleração prodigiosa do tempo arrasta os indivíduos e as sociedades num *frenesi* sem precedentes. Esse permanente "contra o relógio" leva os indivíduos a um estágio de abatimento quando o desejo, completamente sem fôlego, acarreta o "cansaço de ser si". Por isso, a paciência é uma maneira de viver que, em nossos dias, é da mais alta importância. Ela permite "cuidar" do tempo que se desgasta e que nos desgasta ao mesmo tempo, perceber na aceleração do tempo *momentos de graça*; isto é, momentos que acolhemos porque nos são oferecidos para viver. Poderíamos dizer que a paciência é a forma "comum" da fé, a esperança para o dia a dia.

O cristianismo é impossível

A tarefa do cristianismo: compartilhar a fé que é intransmissível. Missão impossível? Talvez sim, e no sentido em que Freud chamava de "ofícios impossíveis" as funções de ensinar, de educar e de cuidar. O cristão que se põe a serviço do Reino cumpre um ofício impossível, mas encontra nele sua liberdade e sua alegria. Trata-se de tornar o cristianismo possível? Sim, sob a condição de compreender que se trata de tornar possível o impossível, que é o próprio centro do Evangelho como Evangelho. O teólogo Jean-Daniel Causse escreve: "O cristianismo talvez seja o impossível; isto é, aquilo de que nos devemos apropriar incessantemente como impossível se quisermos dele captar alguma coisa". Apropriar-se do cristianismo como impossível: não falta vigor à fórmula. O impossível? É o que nossos olhos ainda não viram, que nossos ouvidos ainda não ouviram. O impossível? É o Reino cujas fronteiras são flanqueadas, a montante, pelo dom, a jusante pelo perdão. Viver sob a forma de dom e de perdão: essa é a impossibilidade que o cristianismo tem a missão de fazer se tornar possível.

Se o cristianismo tem pelo menos a tarefa de testemunhar pelo impossível, isso acarreta para ele a seguinte condição, que me foi inspirada por Alain Badiou: a de *ser surdo à voz do tempo*. Em que sentido? A voz do tempo é a voz do fato estabelecido, a voz da ordem das coisas, a voz aprisionada no calculável e no manipulável. A voz do tempo é a *medida de audiência*. Uma certa norma social se expressa através da voz do tempo: opinião dominante ou consenso (fraco), compromisso ou comprometimento, mentalidade em moda ou a reboque da moda, lógica que se acredita irrecusável e que se fundamenta no mais das vezes na modalidade da causalidade: busca do porquê, do responsável ou do culpado. Para a voz do tempo, o dom é sempre, em todos os sentidos, *fora de questão*, e o perdão, na medida em que justifica o culpado, sempre *fora de propósito*. Enfim, a voz do tempo é surda à graça do perdão. Por essa razão o cristianismo é *inaudível*: ele afirma o perdão; melhor: ele não conhece nada que seja exterior ao perdão.

É por ser impossível que o cristianismo não expressa apenas uma tendência natural do ser humano (a necessidade religiosa), que ele é essencialmente *político*. Sem a intervenção subjetiva de alguém que assuma o risco de dar e de perdoar – isto é, que ouse inscrever sua maneira de viver numa gratuidade incondicional para separá-la da lógica e do devido –, o cristianismo não existiria como *substituto* do evento Cristo. É neste sentido que se deve pensar que o cristianismo *é* político. Não é que se peça que ele *faça* política, nem que institua partidos ou sindicatos "cristãos". Pois, então, ele só estaria opondo uma política a outra numa mesma ordem de coisas, numa mesma situação de fato, que chamei de voz do tempo. Muito ao contrário, o cristianismo é político quando é surdo à voz do tempo, o que significa quando ele é todo ouvidos ao inédito do Evangelho.

O Reino não impõe à Cidade humana nenhum regime teocrático que esteja em oposição ao mundo leigo, político ou econômico, cujo valor ou autonomia ele recuse; não, ele introduz no centro do mundo um princípio crítico visando a romper a hegemonia do ter e do poder na transformação das relações humanas. Assim entendido, o Reino não é o duplo do mundo e a Igreja não tem de imitar o mundo...

Decididamente, o cristianismo – ou melhor, a cristianidade – é o estilo de vida que, *no* mundo, introduz relações que não são *do* mundo. E é a possibilidade de enfim existir que melhor esclarece a relação que o Evangelho deseja que estabeleçamos com o mundo; de fato, existir exige que se negue ao mundo seu poder, poder de nos obrigar a sermos o que o mundo exige que sejamos. Nenhuma fuga para um outro mundo é permitida; ao contrário, a fé nos pressiona a existir *diferentemente* neste mundo. A promoção do caráter "impossível" do Reino consiste em "fraturar" o fechamento do mundo em si mesmo, sua *suficiência* que o torna opaco à sua vocação: tornar-se a vanguarda do Reino. Ora, a única maneira de "fraturar" o mundo é introduzir nele, por onde for possível, gratuidade, a troca do dom. É para esse *serviço do Reino* em todas as dimensões da vida que são "empregados" *todos* os cristãos. "Se os cristãos esquecem o serviço que é atribuído a cada um deles, do primeiro ao último, quem trará ao mundo a boa-nova do Reino e quem apresentará os homens à nova vida?", pergunta Alexandre Schmemann. E essa colaboração para o serviço do Reino faz nascer energias novas que mobilizam para um outro trabalho que não o de garantir aos homens uma vida sem esperança. A missão do cristão não é envolver o real num imaginário religioso ou cultural (ele "não acrescenta" Deus ao real nem tem a necessidade iconoclasta de fazer sua ablação), mas tornar manifesto o que se trata de *enxergar*: que o mundo não tem outra razão que não um amor oferecido de maneira incondicional.

O Evangelho apresenta o homem ao homem: "Eis teu irmão". Cabe-nos responder: "Aqui estou". Não é pelo padrão de uma moral de valores, de mandamentos ou de interditos que se vive o Evangelho, mas pela medida de uma fraternidade verdadeira, concreta e que só pode ser vivida nas "categorias do encontro". A relação com o irmão urde a intriga mais importante de nossa relação com a existência. O mundo não ignora a simpatia, a afeição familiar ou de amizade. Mas ele não conhece o *ágape*, o amor-dom.

"Não foi Deus que escolheu os que são pobres aos olhos do mundo para torná-los ricos em fé e herdeiros do Reino que Ele prometeu aos que o amam?", pergunta a Epístola de Tiago. Os "cristianos" não buscam a visibilidade; eles não se põem em cena. Sabem que o Reino é invisível aos olhos siderados pelo ter, pelo poder e pelo parecer. Por isso, os pobres, por sua invisibilidade, são não apenas os destinatários do Reino, mas também seus *sinais reveladores*.

Falar francamente

Quem fala com *parrésia* não procura *interessar*. Assim, toma distância da ".com"; não despreza as "novas tecnologias", mas sabe que só têm de "novo" o fato de reproduzirem a ilusão que leva a crer que a informação nos daria acesso à "atualidade", ao passo que só a emergência de alguém na existência pode ser considerada verdadeiramente *atual*. Do que lhe serve, então, uma informação imediatamente substituída por outra, será que ela lhe dá pelo menos a possibilidade de sentir sua falta de existência, sentimento que só permite justamente o que a ".com" detesta: o *silêncio*? Evangelizar o "continente numérico"? Nesse continente, os cristãos "*hype*" me lembram "colonos" um pouco ingênuos que sempre chegam tarde demais, fatalmente a reboque da engenharia que os precedeu e que, no mais das vezes, faz melhor do que eles. Pois a questão que eles esquecem é a seguinte: as "novas tecnologias" que sucumbem cada vez mais à obrigação de *entretenimento* são solúveis com o *evento de palavra*, que é o Evangelho? Em si, nenhuma tecnologia é imprópria à proclamação do Evangelho como Evangelho. O microcomputador que o pregador usa numa igreja pode ser útil para difundir sua palavra, tal como a gravação em áudio e vídeo de uma conferência. Não se trata de demonizar e menos ainda de angelizar, mas de evangelizar nossas maneiras de conversar entre nós. Pois passamos muito facilmente do registro das palavras *verdadeiras* ao das palavras *úteis*. E cabe lembrar que a palavra, para ser falante, só pode ser vivida nas categorias de *encontro*. Lembremos: vimos que a linguagem da beatice não é diferente da linguagem do *marketing* ou da publicidade. O que isso acarreta é muito lamentável para a causa do Evangelho: uma vez que a linguagem da beatice se presta imediatamente a ser colocada em ".com", o cristão, intimado a mostrar sua "diferença" ou sua "especificidade" no assim chamado "continente numérico", será tentado a utilizar essa linguagem de emprego mais *útil* quando se trata de passar uma mensagem ou de estabelecer uma identidade. Kierkegaard escreve em algum momento, em seu *Diário*, que "se Cristo voltasse ao mundo, tão certamente quanto estou vivo, Ele não visaria os grandes sacerdotes, [etc.], mas os jornalistas!"

É preciso então lembrar que o Evangelho só se sustenta por ser dito com *parrésia,* que não é uma "tecnologia" mas a *tonalidade* de palavra que é a única adaptada *à maneira* pela qual o Evangelho fala. Estou falando de *tonalidade*, e não de forma (pouco importa, contanto que haja formação de espírito e de inteligência), porque as tecnologias da comunicação ignoram o *tom*. Elas podem regular o volume do som, mas não o acerto do tom. Sem tonalidade uma palavra não tem nenhuma possibilidade de ressoar. E, para completar, a palavra cristã só vibra no interior da caixa de ressonância que é o Evangelho. Por isso devemos aprender com o próprio Evangelho a maneira "correta" de falar. A linguagem da *parrésia* não é uma língua morta, verborreia de expressões feitas, prontas para serem empregadas e que de vez em quando são recicladas, mas uma palavra jovem (porém não juvenil ou infantilizante), vivificante e inspiradora de esperança. Uma palavra pronunciada com *parrésia* não tem nada a produzir. Nesse sentido, ela não tem utilidade. Mas não é sem significatividade, como dissemos. Ela não tem nada a "fazer passar", mas não significa que não diga nada. Uma palavra dá sinal quando é *inadaptada* à hipertrofia da comunicação útil. Digamos que a tonalidade é a maneira pela qual a *parrésia* faz ouvir sua inadaptação à linguagem do mundo. O tom é uma voz, e a voz, como o tato, é o primeiro chamado que o bebê recebe. Daí, seria falso falar em "novo nascimento" se este fosse inaugurado de outro modo que não pela transmissão de uma voz "tocante". Ou melhor, que nos *atinge*.

Para poder prezar-se da *parrésia*, toda palavra cristã deve transmitir ao mesmo tempo o *temor* que ela supera graças à fé e também a *segurança* que recebe de sua relação com Aquele que é o "Verídico". Paradoxalmente, a *parrésia* expressa a *ambiguidade* inerente ao próprio Evangelho: ele é a afirmação naquilo que o nega – a vida na morte, o perdão no ódio, a alegria no sofrimento, a paz no pavor. Será necessário ainda destacar quanto essa ambiguidade inquieta e decepciona? No entanto, só se fala com *parrésia* na medida em que não se procura reduzir essa ambiguidade. Caso contrário, ao escolher a afirmação sem a negação (discurso do mundo dos "ursinhos de pelúcia") ou a negação sem afirmação (discurso moralizador e culpabilizante), já não se está proclamando o Evangelho como Evangelho, mas usando a linguagem da beatice. Alguns cristãos querem o Domingo de Páscoa sem a Sexta-feira Santa, outros preferem a cruz na sepultura vazia, mas o Evangelho diz sobre a cruz o perdão oferecido ao imperdoável, e é isso que significa *atualmente* a Ressurreição. Uma passagem do evangelho de João ecoa essa ambiguidade constitutiva da *parrésia*.

No "discurso de despedida", antes de sua prisão, Cristo diz a seus discípulos: "Eu vos disse tudo isso de modo enigmático ['por comparações', diz o grego], mas chegará a hora em que já não vos falarei dessa maneira, mas vos anunciarei abertamente [*parrésia*, em grego] o que diz respeito ao Pai" (Jo 16,25). Seria o fim da ambiguidade? Não terei interpretado mal a *parrésia* ao considerá-la a expressão da ambiguidade em vez de entendê-la como uma maneira de falar abertamente, com toda a clareza? Ouçamos a sequência da fala: "Pedirei ao Pai por vós, pois o próprio Pai vos ama porque me amastes e crestes que saí de Deus". Teremos tanta certeza de que essas palavras são tão claras? Os discípulos simulam crer, como prova sua reação: "Eis que agora falas abertamente (*parrésia*) e abandonas toda linguagem enigmática; agora sabemos que Tu, Tu sabes todas as coisas e não tens necessidade nenhuma de que alguém te interrogue. Por isso cremos que saíste de Deus". Constatamos no "grito do coração" dos discípulos a mesma confusão que havíamos observado em Marta e Maria por ocasião do falecimento de seu irmão Lázaro: eles extraem da onisciência que atribuem a Jesus a prova de sua fé nele, sem compreender que Jesus os convida a reconhecer o amor com que o Pai os ama; esse amor "inverossímil", que é a verdadeira "prova" da fiabilidade de Deus e, portanto, a única "razão" de crer nele. Terão entendido que Jesus lhes falava do amor que o Pai tem por eles? Compreenderam que Cristo os convida a crer naquela doação de amor que faz filhos à imagem do Filho? O indício de que os discípulos têm dificuldade de se abrir à palavra de Cristo, dita, no entanto, com toda *parrésia*, é a reação tingida de ironia de Jesus: "Credes, agora? Eis que chega a hora, e agora está aqui, em que vos dispersareis cada um indo para seu lado, e me deixareis sozinho".

Os discípulos não compreendem que a *parrésia* não é um saber que autoriza a dizer tudo, mas uma humilde segurança que só pode vir do amor de um Deus que pode ser chamado Pai porque toda paternidade terrestre é convidada à mesma qualidade de benevolência incondicional. Isso significa que a *parrésia* expressa a segurança daqueles que acolhem sua *filialidade* (que prefiro, em vez de filiação) como uma graça inesperada de poder existir singularmente, sem ressentimento, raiva ou tristeza. Amando, Deus se dá; em certo sentido, Ele se empobrece, pois não espera ser pago em retorno. Não constitui *obrigados* a Ele, mas se dá *filhos*. Esse é o desejo de

Deus: que cada um possa existir como um filho, um irmão, um amigo. (E não como um cliente, um estranho, um inimigo.) É ainda a filialidade que fundamenta a fraternidade, pois se é bom que eu exista, o outro também ouviu a mesma "boa-nova" e, portanto, é bom que *nós* existamos. A *parrésia*, enquanto discurso franco, é, no mais verdadeiro sentido, a língua da filialidade, o discurso que consegue *libertar*.

Por que sinal reconhecemos uma palavra dita com *parrésia*? Ela cria ou recria *presença*. A informação, ao contrário, circula em espaços neutros, anônimos, reduzidos a serem apenas os veículos de um fluxo em permanente representação. A *parrésia* é consagrada à presença, e não à representação. Bruno Latour adverte os "comunicantes" cristãos: "Impossível encobrir o rosto: a informação não utiliza os mesmos veículos, os mesmos condutos, os mesmos trajetos que as palavras que modificam, que alteram, que abalam". Os apóstolos veem Jesus como aquele que possui todas as informações desejadas, mas não compreendem que ele lhes fala a palavra que transforma. Uma presença não é um resultado ou uma formatação, ela é sempre o evento de uma graça. E esta só se reconhece por sua tonalidade, pela maneira como ela revitaliza as palavras, propiciando-lhes comunicar a possibilidade de estar presente ao que se apresenta. Bruno Latour, mais uma vez, nos dá a própria fórmula da *veridição* de toda palavra dita com *parrésia*: "Os anjos não transportam mensagens; eles modificam aqueles a quem se dirigem. O que eles transmitem não é um *conteúdo* de informação, mas um novo *continente*". A infelicidade do cristianismo, mais uma vez, é seu esquecimento da graça; pior, ele parece não suportá-la. Há como que uma *renegação* da graça no cristianismo. O caráter inadaptado da *parrésia* só se explica pelo fato de a graça estar, num mundo convencionado e convencional, num mundo de medida e de cálculo, radicalmente inadaptada. O silêncio que circunda a *parrésia*? O fruto "inadaptado" da graça. A ambiguidade fundamental da *parrésia*? A própria ambiguidade da graça que só é recebida na medida em que atravessa a suficiência do eu.

O Evangelho, cuja linguagem é eminentemente parabólica, está ligado a uma certa *opacidade*. De fato, ele não fala obedecendo ao princípio do *conformismo* que recomenda: "Fala de maneira que todos compreendam". Jesus falava em parábolas para que o ouvinte não compreendesse... Ou seja, para que ele aprendesse a ouvir com outro ouvido, a pensar ao inverso. A linguagem parabólica pergunta: o que sucede com você? qual é a sua? o que é feito do seu desejo de enfim existir? Por isso, a compreensão de uma parábola depende da capacidade de acolhimento de seu ouvinte: se ele viver fora dele mesmo, a parábola será julgada superficialmente, como uma história infantil; se o ouvinte bloquear um possível questionamento de suas crenças, então a parábola será julgada ou complicada demais ou simplista demais. Creio que o cristianismo está equivocado ao achar que basta traduzir sua mensagem para a linguagem dos homens de hoje. A mensagem cristã não é um texto escolar que precisa ser decodificado, mas um evento de palavra que é preciso dizer com *parrésia*.

No evangelho de Marcos, Jesus manda o homem libertado de sua legião demoníaca de volta para junto dos seus, com a recomendação: "Dize-lhes tudo o que o Senhor fez por ti e que Ele teve piedade de ti". O homem, assim, é convidado a ser artesão de uma palavra única, e não a debitar aos outros "elementos de linguagem" prontos. Pois a Palavra, dirigindo-se a alguém, instaura-o como sujeito, ela lhe *dá a palavra* e ele só pode acolhê-la num espaço de liberdade que é propriamente sua *margem de manobra*: ele lhe responde por um dizer que é o ato singular e concreto que lhe propicia ser um sujeito falante. Cada um é convocado pessoalmente por uma Palavra que o fundamenta para falar, não como um repetidor, mas como um criador. Trata-se menos de transmitir *o que* Deus disse do que de dizer em que Ele *me* fala, seja essa palavra transmitida religiosa ou não (e, no mais das vezes, ela não será religiosa). Uma vida restaurada e reedificada é o melhor comentário do Evangelho e o único sinal que mostra que ele foi falante para alguém. Caso contrário, a transmissão da fé se reduz a comunicar informação; isto é, a comunicar palavras de ordem, coisas que somos obrigados a crer ou pelo menos que somos obrigados a fazer crer que cremos, a nos comportar como se crêssemos. O cristianismo não tem por vocação rememorar "boas palavras" de Jesus, mas permitir que a Palavra faça o que diz; isto é, que refaça em nós o que ela significa. Em suma, em vez de falar *do* Evangelho devemos, imperativamente, *fazer o Evangelho falar*.

O "objeto" da fé: o Reino

O interesse das crenças, para o cristianismo de pertencimento, está ligado ao fato de elas se referirem a conteúdos identificáveis e, portanto, assimiláveis. Os cristãos, diz-se então, são pessoas que creem na Trindade, num Deus feito homem, na ressurreição de Cristo etc. Também permitem distinguir as diferentes confissões cristãs: os protestantes creem na justificação pela graça, os católicos na Imaculada Conceição, os ortodoxos não creem no *Filioque etc.* Uma crença é, portanto, uma *representação* mental (que pode ser figurada pela arte), que pode ser descrita ou explicada, traduzida como conceito ou assentada em catecismo. Mas a fé? Vimos que a fé deve ser registrada no *impensado*, e que esse impensado nos aparece ao mesmo tempo inverossímil e impossível. Para o pensamento, a fé é fé no inverossímil. Portanto, ela não pode ser significada por meio de metáforas e de parábolas. Vimos que o "Reino" ocupa no Evangelho a função de uma metáfora. Se, diferentemente do símbolo que remete a uma suposta presença "em outro lugar" (o imaginário de um mundo recuado invisível), a metáfora lida com um "outro lugar" que ela supõe presente (o advento da graça que muda nossa relação com a vida), então deve-se dizer que o "Reino" é a metáfora por excelência. Deve-se até pensar que o Reino, em razão de seu caráter inobjetivável e indefinível (como toda metáfora), é o único "objeto" da fé que não a faz rebaixar-se a crença. Deve-se dizer, então, que o "conteúdo" da fé é o Reino e que esse conteúdo não pode ser representado; pode-se apenas falar dele de maneira oblíqua, por desvios ou imagens, que é a própria definição da linguagem parabólica. "O Reino de Deus é o conteúdo da fé cristã, o objetivo, o sentido e a substância da vida dos cristãos", afirma o teólogo Alexandre Schmemann. Eu acrescentaria: o sentido e a substância da vida não só dos cristãos, mas também de todos os seres humanos, uma vez que o Reino não designa nada de especificamente religioso. Schmemann acrescenta com razão: "Pode-se declarar, sem nenhum exagero, que o *Reino de Deus,* a noção-chave do anúncio evangélico, já não é hoje o conteúdo essencial nem o motor interno da fé cristã". É verdade: a infelicidade do cristianismo é ter esquecido o Reino de Deus, que é, ao mesmo tempo, seu *centro de gravidade* e... seu *por-vir.* Não há dúvida possível: esse modo supremo de existência já começou de fato. De modo que o mais seguro (a existência do cristianismo) torna-se o mais duvidoso, e o mais duvidoso (a realidade do Reino), o mais certo. A "realidade" do Reino: mas de que realidade se trata? Ela não introduz uma repetição do dualismo (platônico) entre o verdadeiro real "lá" e a realidade ilusória daqui? Sendo o Reino o real que convence do imaginário do que consideramos ser a realidade, é o único capaz de abrir um por-vir. É quando o cristianismo começou a esquecer a realidade do Reino que ele substituiu o discurso da manifestação (epifania) pelo da redenção. O cristianismo não existe quando ele esquece que único "real" é o do "Reino" e que, portanto, trata-se de acolher a *efração* dessa realidade em vez de lhe opor a "normalidade" do que é ou do que deve ser. (Cristo vem como um *ladrão...*) O cristianismo só existirá quando ousar acolher, sendo talvez violentamente desestabilizado, a realidade do Reino, realidade mais real do que o espírito concebe.

Se a crença é sempre crença de alguma coisa ou crença em alguém, é concebível pensar uma fé sem objeto? Uma fé que não tenha nem objeto nem destinatário? Seria possível, portanto, que as distinções que tentamos fazer entre a fé e a crença sejam mais por conta de uma visão do espírito do que da realidade que é designada pelo par de termos fé/crença, sinônimos mais do que antônimos, cada um operando numa região que compartilha com a outra uma fronteira flexível e móvel. A fé seria estranha a todo conhecimento? Ou é preciso distinguir entre o conhecimento dado pela crença e que visa um objeto (crer que) e o conhecimento que a fé permite e que é reconhecimento do sujeito (crer em)? A fé é *verificada* (tornada verdadeira em palavras e em atos) quando o crente passa do conhecimento (a crença registrada no saber) ao reconhecimento, que, em seu sentido mais forte, é *gratidão*. É assim que a fé se torna verdadeira: quando ela desabrocha rendendo graças. E é só então que ela pode ser *compreendida*. Falar em "mistério" corre o risco de reduzir a fé a uma crença um pouco "esfumada", como se fosse preciso acrescentar ao enigma da vida um discurso ainda mais hermético.

Partilhar desejos-palavras

"Vede o que ouvis", diz Cristo aos discípulos, a fim de convidá-los a prestar atenção ao que fala o Evangelho (Mc 4,24). Mas o que há para ver no Evangelho? Crenças? Valores? Sabemos agora que essas representações mentais estão ausentes do Evangelho. O que ele nos *mostra* são desejos-palavras (exemplarmente, as Beatitudes: "Bem-aventurados os pobres, os misericordiosos, os pacíficos..."). Na verdade, os desejos-palavras do Evangelho são as únicas crenças e os únicos valores dignos de fé. Na Epístola de Tiago encontra-se até mesmo a fórmula-padrão do verdadeiro desejo-palavra que dá o existir, livre e justificado: "Por seu próprio desejo, Deus nos engendrou por sua palavra de verdade" (Tg 1,18). É nesse desejo-palavra que, bem ou mal, tentamos crer. Em todo caso, é esse desejo que nos dá ter esperança, pois ele nos diz que somos *destinados* a ser engendrados como filhos. Desejados como sujeitos, e não objetos de cobiça, pois, quando Deus fala, é para fazer surgir seu *outro* – humano –, ele próprio sujeito de desejo e de palavra. Só uma Palavra que constitui a verdade, enquanto nos justifica em nossa existência, é digna de fé, fiável. Então, nossa vida não pode ser um erro nem nosso destino uma "caminhada forçada" rumo ao nada, pois uma palavra da mais radical benevolência está na origem de nosso destino. O que chamo de existência não é senão a resposta dada livremente a esse desejo-palavra inaugural. O teólogo Étienne Grieu o expressa muito bem: "O desejo adquire consistência graças a um apelo; isto é, um vínculo não condicional (estabelecido sem que se tenha certeza de sua recepção), irrevogável (não existe a intenção de lhe pôr um termo), perdoador (o vínculo permanece a despeito das recusas a responder) e singular (a relação se cria pra cada um de maneira única)". Pode-se dizer, então, que o desejo-palavra expresso nos termos da Epístola de Tiago (mas muitos outros desejos-palavras que derivam da "palavra de verdade" são expressos nas Escrituras) é *a única doutrina do cristianismo da qual dependem todos os outros conteúdos*. Podemos, portanto, dar um passo a mais: a fé é o próprio movimento que conjuga uma fé na fé e uma confiança num desejo-palavra ao qual respondo.

O que é grave, mas ao mesmo tempo promissor, é que a erosão do sentido do ato de crer impede o conhecimento da função própria do nome de Deus: em vez de designar uma função de chamado e de promessa, oferecendo a graça de ser justificado, de existir, o nome de Deus serviu amplamente ao eu e a suas necessidades religiosas. A infelicidade do cristianismo foi ter reduzido Deus a uma ideia (à qual sempre é possível se adaptar, inclusive para negá-la ou considerá-la indiferente), ao passo que Ele é Vida, Vida viva, Palavra que chama o ser humano a existir. Como muito bem diz o teólogo Denis Müller: "Não é de surpreender que Deus seja difícil de pensar, uma vez que Ele nunca está disponível (não é um objeto), uma vez que permanece aberto para o devir infinito do Reino em elaboração, uma vez que Ele próprio é esse Reino inacabado. É preciso nos colocar de antemão no momento de surgimento do Reino de Deus para poder vislumbrar o devir manifesto de Deus em nós e no centro do mundo". O que leva a pensar que o cristianismo de pertencimento talvez tenha perdido de vista *quem* é Deus, a ponto de poder prescindir dele, como observava maliciosamente Jacques Lacan, falando dos teólogos... Mesmo os cristãos concorrem para esse apofatismo contemporâneo que julga que dizer alguma coisa de Deus equivale sempre a falar mal dele. Mas, se não aprendermos pela escuta da Palavra *quem Deus é para nós,* faremos dele a arma de nossas mais insensatas manipulações.

Não devemos nunca nos precipitar em trazer "Deus" para um discurso, pois há uma maneira de falar dele que anula as tensões de uma existência vivida. Com muita frequência fazemos Deus *depender* de nossas belas sínteses teológicas; ora, Ele só aparece através das *tensões* da existência. Ou melhor: *Deus é o nome para dizer que estamos autorizados a existir.* Deus é um "nome operacional", já dizia São Gregório de Nazianzo. Ele é a operação que torna possível existir pela fé, pelo amor e pela esperança. Fora dessa relação que responde ao chamado a existir, propriamente, então Deus não é *nada para nós.* "Quando um existente não tem fé, Deus não tem nem ser nem existência, ainda que, sob o ângulo da eternidade, Deus seja eternamente", arrisca-se a dizer Kierkegaard. O filósofo Jean-Luc Nancy lhe faz eco: "Que o próprio 'Deus' seja fruto da fé, a qual ao mesmo tempo só está ligada à sua graça (ou seja, excetua-se da necessidade e da obrigação), eis um pensamento muito estranho e talvez o mais estranho ao par teísmo e ateísmo". Afirmar que Ele existe ou não em si não é a questão da fé, mas a obsessão da crença. Certamente os crentes dizem crer em Deus, mas sua crença é menos um "crer Deus" do que um vago sentimento religioso, mesmo que compatível, aliás, com uma vida sem Deus... Isso equivale a dizer que na verdade vivemos num mundo que não crê em Deus, e mesmo assim diria que crê. (E isso também vale para o fanático que declara crer para fazer com que ele mesmo creia que é melhor crente do que os outros... O que ele crê é na imagem narcísica e atraente que seus semelhantes lhe devolvem.) Para retomar a questão de Deus precisaríamos nos indagar menos sobre a existência de Deus e mais sobre "quem" é Deus e, mais ainda, sobre "quem" somos nós diante dele. É justamente para confiar em Deus que as Escrituras dão testemunho de *quem* Ele é (é que existem vários, os que não são fiáveis, a Bíblia chama-os de *ídolos*...). Isso significa também, e esse ponto é de importância capital, que para toda a tradição bíblica, e ao contrário do que dizemos com demasiada leviandade, Deus não é o Totalmente Outro. Pois se Deus é Totalmente Outro não se entende muito bem em nome do que não seria mais simples prescindir dele... Não, Deus é *diferentemente outro* e não Totalmente Outro; por isso, as Escrituras preferem dizer que Ele é Palavra. Não que Deus seja então despojado de sua estranheza; é até o contrário, uma vez que é mais cômodo dizer que Ele é totalmente outro, estranheza bem menos insustentável do que acreditar que minha relação com Ele é a mesma que a minha relação comigo. Envolver Deus com a noção de mistério impenetrável tem toda a aparência de honrar sua transcendência, ao passo que no fundo a ideia de mistério permite facilmente a desistência do espírito (por que tentar conhecê-lo?) até torná-lo insignificante.

Na tradição bíblica, Deus é *falante*, o que significa que o homem pode conhecer suas intenções, suas marcas de benevolência; enfim, a maneira como Deus é para o homem. Mas esse *reconhecimento* de *quem* é Deus e de como Ele é em relação ao homem não significa, é claro, que se possa circunscrever sua identidade. Se Deus só é Deus enquanto é *para* o homem (o que diz incessantemente o texto bíblico), então este só é de Deus à maneira de seu Cristo, que é o por-vir do homem. Confessar Cristo é proclamar que Deus é *Deus para o homem* e reconhecer nele a figura daquele que me torno quando enfim existo. Se Deus é aquele que arranca o homem das aderências da fatalidade, isso significa que Ele é Palavra, e não Ser supremo ou suprema Ausência. Pois só uma palavra pode me justificar de existir como existo. Um

Deus que não fala, um Deus do qual não posso dizer "Ele me fala", é um ídolo, útil quando reconheço nele um seguro de vida, inútil quando não responde como quero. (E, se é possível fazer de Deus um ídolo, pode-se fazer de uma coisa qualquer ou de um alguém qualquer um deus.) É preciso voltar a dizer o seguinte: Deus não "fala", pelo menos não no sentido trivial em que poderíamos ouvi-lo como se ouve uma voz física. Também não quer dizer que Deus fale "diretamente" na natureza, num livro (mesmo que seja a Bíblia) ou pela boca do papa. Dizer que Deus é falante significa que reconhecemos em sua Palavra um *chamado a existir* e que lhe respondemos existindo. E dizer que determinado discurso quis nos fazer crer que Deus falou (há muito tempo...) unicamente para nos revelar mistérios insondáveis dos quais não compreendemos grande coisa, mas nos quais deveremos acreditar cegamente se quisermos ser salvos!

Envio
O cristianismo por vir

Paradoxo: o cristianismo que ainda não existe um dia começou! Aliás, talvez ele mal esteja no começo. As Igrejas cristãs relembram esse nascimento todos os anos, na Festa de Pentecostes. Não é anódino que esse dia nos tenha feito ouvir a primeira "tomada de palavra" cristã, a prédica inaugural do cristianismo.

O relato feito pelos Atos dos Apóstolos é admirável: ele subtrai à nossa curiosidade de leitores as primeiras palavras pronunciadas por aquelas bocas de apóstolos, que acabaram de sair da clausura em que seu temor os fechara por medo do mundo. O que dizem? Que termos poderiam ter recolhido os jornalistas presentes? Que comunicado de imprensa a ser difundido nas mídias e nas redes sociais? Que elementos de linguagem poderiam ser úteis à transmissão da fé? No entanto, nada disso nos é comunicado. Em contrapartida, o texto compartilha conosco o espanto dos ouvintes presentes: "Estes que estão falando não são todos galileus? Como, então, todos nós os ouvimos falar, cada um em nossa própria língua materna?" Será que dispunham de uma tradução simultânea? Claro que não. Não tinham necessidade disso para se sentirem afetados por um evento de palavra. Não só entendiam que aquelas palavras nada tinham de complicado, que não procuravam confundi-los em "falso mistério", mas que sua própria invocação convocava-os a responder com uma exigência bem maior, o que, aliás, é comprovado por sua perplexidade. Como responder a uma palavra inaudita propriamente dita? Uma só resposta cabe: "Sim, não és estranha ao estranho que sou", escreve magnificamente Alain Didier-Weill, num contexto diferente mas tão próximo do evento de Pentecostes. Bruno Latour, comentando esse relato, escreve: "Todos aqueles povos diversos viram-se de início assombrados por aquela exigência perturbadora: nenhuma outra dificuldade lhes era proposta a não ser aquela, bastante grande, de se converterem". A que *metanoia* o ouvinte é instado a responder? Ele precisa passar por um desprezo de seu eu, aquele eu presunçoso que acredita se conhecer, mas que é arrancado pela própria palavra *que ouve bem melhor o si que ele ainda não é.*

Essa é decididamente a "regra" da linguagem evangélica adotada com *parrésia*: dizer na linguagem de todo o mundo o que (todo) o mundo não diz. Para dizer o quê? Justamente que cada um pode voltar a ouvir em sua própria língua a palavra de verdade que o engendrou. Já não há estrangeiros quando cada um ouve que a palavra que o fez existir não é estranha a seu desejo mais secreto: ser si, enfim. *Línguas de fogo*, eis o que os apóstolos viram pousar sobre cada um deles no dia de Pentecostes. O cristianismo, que ainda não existe, embora já o antecipássemos crendo, amando e esperando, será essa língua de fogo pousada sobre nós se aceitarmos nos pôr à escuta do Evangelho como Evangelho. Então, será possível ouvirmos "anunciar em nossas línguas as maravilhas de Deus".

"Revelação de Jesus Cristo: Deus a deu a Ele para mostrar a seus servos o que logo deve acontecer", assim começa o livro comumente chamado Apocalipse. O que vai acontecer "logo" senão o último que já aconteceu, mas cujo evento nos é solicitado inscrever em nossa história vivida. Tudo o mais é tagarelice. Não é Cristo que tarda a voltar, pois Ele já veio, mas são nossas vidas que estão *atrasadas*, pois não lhe permitimos que venha a nós. Ou ainda: o cristianismo está sempre, por si, atrasado com relação a Cristo, que está por vir, que nos precede no Caminho da Vida viva. É preciso que o cristianismo recomece como vida. Ele existe quando sua mensagem se confunde com o feliz anúncio, o anúncio que é sempre novo porque sempre a ser ouvido, novo porque é feito por uma palavra que é irredutível a todas as palavras; anúncio que é bom porque dado por uma aprovação incondicional: "É bom que existas!" É essa mensagem que o cristianismo tem por missão dizer e traduzir, em palavras e em atos. Acolhendo-a como uma promessa, o cristianismo torna-se o que é chamado a ser: uma *ação de graças*.

Referências

ALEXANDRE, J.; CUGNO, A. *Art, foi, politique*: un même acte. Paris: Hermann, 2017.

BÉGAUDEAU, F.; ROSE, S. *Une certaine inquiétude*. Paris: Albin Michel, 2018.

BELLET, M. *Naissance de Dieu*. Paris: Desclée de Brouwer, 1975.

BELLET, M. *La quatrième hypothèse* – Sur l'avenir du christianisme. Paris: Desclée de Brouwer, 2001.

CERTEAU, M. *La faiblesse de croire*. Paris: Du Seuil, 1987 [Col. Essais", Paris].

CUCHET, G. *Comment notre monde a cessé d'être chrétien* – Anatomie d'un effondrement. Paris: Du Seuil, 2018 [Col. La Couleur des Idées].

DELECROIX, V. *Apocalypse du politique*. Paris: Desclée de Brouwer, 2016.

DIDIER-WEILL, A. *Invocations* – Dionysos, Moïse, saint Paul et Freud. Paris: Calmann-Lévy, 1998.

EVDOKIMOV, P. *L'amour fou de Dieu*. Paris: Du Seuil, 1997 [Col. Livre de Vie].

GRIEU, É. *Une foi qui change le monde*. Paris: Bayard, 2013.

GRIMALDI, N. *Les nouveaux somnambules*. Paris: Grasset, 2016.

JULLIEN, F. *Vivre en existant* – Une nouvelle éthique. Paris: Gallimard, 2016.

KIERKEGAARD, S. *Journal* – Extraits. Paris: Gallimard, 1941-1961.

KIERKEGAARD, S. *Œuvres complètes*. Paris: De l'Orante, 1966-1986.

LATOUR, B. *Jubiler ou les tourments de la parole religieuse*. Paris: La Découverte, 2013.

MARTIN, J.-C. Un Christ au-delà des temps chrétiens. In: JUGNON, A. (org.). *Pourquoi nous ne sommes pas chrétiens*. Paris: Max Milo, 2009.

MÜLLER, D. *Dieu* – Le désir de toute une vie. Genebra: Labor et Fides, 2016.

NANCY, J.L. *La déclosion* – *Déconstruction du christianisme*. T. 1. Paris: Galilée, 2005.

SCHMEMANN, A. *L'Eucharistie* – Sacrement du Royaume. Paris: YMCA Press/François-Xavier de Guibert, 2005 [Col. L'Échelle de Jacob].

SIBONY, D. *Nom de Dieu* – Par-delà les trois monothéismes. Paris: Du Seuil, 2002 [Col. La Couleur des Idées].

THEOBALD, C. *Urgences pastorales* – Comprendre, partager, réformer. Paris: Bayard, 2017.

VAHANIAN, G. *L'utopie chrétienne.* Paris: Desclée de Brouwer, 1992.

VAHANIAN, G. *La foi, une fois pour toutes – Méditations kierkegaardiennes.* Genebra: Labor et Fides, 1996.

Conecte-se conosco:

 facebook.com/editoravozes

 @editoravozes

 @editora_vozes

 youtube.com/editoravozes

 +55 24 99267-9864

www.vozes.com.br

Conheça nossas lojas:

www.livrariavozes.com.br

Belo Horizonte – Brasília – Campinas – Cuiabá – Curitiba
Fortaleza – Juiz de Fora – Petrópolis – Recife – São Paulo

  Vozes de Bolso

EDITORA VOZES LTDA.
Rua Frei Luís, 100 – Centro – Cep 25689-900 – Petrópolis, RJ
Tel.: (24) 2233-9000 – E-mail: vendas@vozes.com.br